D0757356

Les secrets des *soupes*

veloutés potages

révélés par Jérôme Ferrer

Plus de 200 recettes de
soupes, veloutés et potages

LES ÉDITIONS **LA PRESSE**

CATALOGAGE AVANT PUBLICATION DE BIBLIOTHÈQUE ET ARCHIVES NATIONALES DU QUÉBEC ET BIBLIOTHÈQUE ET ARCHIVES CANADA

Ferrer, Jérôme

Les secrets des soupes, veloutés et potages

«Plus de 200 recettes de soupes».

Comprend un index.

ISBN 978-2-89705-310-9

1. Soupes. 2. Livres de cuisine. I. Titre.

TX757.F47 2014   641.81'3   C2014-941655-5

Présidente
Caroline Jamet

Directeur de l'édition
Éric Fourlanty

Directrice de la commercialisation
Sandrine Donkers

Responsable gestion de la production
Carla Menza

Communications
Marie-Pierre Hamel

Éditrice déléguée
Nathalie Guillet

Conception graphique
Ose Design

Infographie
Célia Provencher-Galarneau

Révision et Correction d'épreuves
Natacha Auclair

Photo couverture
Istockphoto

L'éditeur bénéficie du soutien de la Société de développement des entreprises culturelles du Québec (SODEC) pour son programme d'édition et pour ses activités de promotion.

L'éditeur remercie le gouvernement du Québec de l'aide financière accordée à l'édition de cet ouvrage par l'entremise du Programme de crédit d'impôt pour l'édition de livres, administré par la SODEC.

Nous reconnaissons l'aide financière du gouvernement du Canada par l'entremise du Fonds du livre du Canada (FLC).

Nous remercions le Conseil des arts du Canada de l'aide accordée à notre programme de publication.

LES ÉDITIONS **LA PRESSE**
Les Éditions La Presse
7, rue Saint-Jacques
Montréal (Québec)
H2Y 1K9

Remerciements

Cuisiner pour les autres est un acte d'amour et de générosité. Ma philosophie a toujours été de prendre du plaisir pour donner du plaisir. Je tiens tout d'abord à vous remercier de tout cœur de me suivre, de me faire confiance et de me permettre de vous accompagner dans vos expériences culinaires des plus gourmandes. Merci à vous pour ce privilège. Merci à vous tous de faire battre mon cœur et de me donner le goût de me surpasser dans mon métier de cuisiner.

Je tiens particulièrement à remercier un ami sans qui cet ouvrage n'aurait pas été réalisable. Il est présent chaque jour et il m'a permis de m'accomplir dans de nombreux objectifs de vie. Un grand merci à toi, mon très grand ami et petit frère, Alexandre Lacroix-Moreau.

Merci aussi aux Éditions LA PRESSE pour leur collaboration toujours aussi plaisante et agréable. Et merci à vous, chers clients, et à ma fabuleuse équipe des restaurants du Groupe Europea : vous êtes comme ma famille au Québec.

Jérôme Ferrer

Table des matières

Introduction

S'il y a un secret concernant les soupes, c'est avant tout celui du partage, du réconfort et de la simplicité. Dans toutes les cultures, la soupe occupe une place de choix à la table. Servie chaude ou froide, parfois même glacée, elle est élaborée à partir d'aliments traditionnellement consommés dans chaque pays. Il en existe plusieurs types, mais qu'il s'agisse de potages, de veloutés, de consommés, de crèmes ou de gaspacho, pour ne nommer que ceux-ci, les soupes font chaud au cœur et du bien à l'estomac. Souvent servie au centre de la table, la soupe est le symbole de l'esprit de famille et de la convivialité. Réutiliser des aliments, prendre des restes et en faire une soupe est souvent gage de succès. Je saisis donc l'occasion de vous offrir quelques-uns de mes secrets pour préparer ce plat abordable et de bon goût : la soupe.

Gastronomiquement vôtre,

Jérôme Ferrer

Icônes et légendes

Les recettes proposées sont pour 4 à 6 personnes.

L'horloge

 Indique le temps de préparation.

Les toques

Indique le degré de facilité de préparation.

Simple à exécuter.

Facile mais à surveiller.

Demande de l'attention.

Astuces du chef !

 Des suggestions de garnitures.
Des conseils et astuces du chef.

Température de dégustation de la soupe

 Chaude   Froide

Les mesures

Pour faciliter votre tâche, trois unités de mesure seulement sont utilisées dans les recettes.

- La tasse • La cuillère (à thé ou à soupe) • La pincée

L'ABC des ingrédients de base

AIL
A besoin d'air pour se conserver, l'idéal est donc de suspendre une tresse d'ail dans la cuisine.

ARTICHAUT
Casser la tige de l'artichaut au lieu de la couper ; il s'oxydera ainsi moins vite.

ASPERGE
Se conservent plus longtemps si elles sont placées debout dans un verre à moitié rempli d'eau.

AUBERGINE
Pour la conserver plus longtemps, la placer au frigo dans un sac de plastique perforé.

AVOCAT
S'il est mûr, le conserver au frigo. Pour le faire mûrir, le placer dans un sac en papier à température ambiante.

BANANE PLANTAIN
Puisqu'elle noircit au contact du froid, la conserver à température ambiante.

BASILIC
Enrouler les tiges dans un papier essuie-tout humide et le placer au frigo.

BETTE À CARDE
Séparer les feuilles des tiges et les conserver au frigo dans des sacs perforés différents.

BETTERAVE
Garder la tige (2 cm) sur la racine, elle se conservera plus longtemps.

CAROTTE
La déposer au frigo dans un contenant hermétique avec un papier absorbant, car elle dégage beaucoup d'humidité.

CÉLERI
L'envelopper tout simplement d'une pellicule plastique et le garder au frigo afin de conserver sa fraîcheur.

CÉLERI-RAVE
Puisqu'il a une forte odeur, le garder au frigo dans un contenant hermétique.

CHÂTAIGNE
Les conserver dans un endroit humide et froid à l'air libre.

CHICORÉE
Bien la nettoyer et en enlever les feuilles abimées.
Se conserve deux semaines au frigo.

CHOU CHINOIS
Se conserve mieux entre 0 °C et 5 °C ; le ranger dans
un sachet ouvert au frigo afin d'en garder l'humidité.

CHOU DE BRUXELLES
Les laver seulement avant l'utilisation ; ils se conserveront
plus longtemps.

CHOU ROMANESCO
Le conserver au frigo dans un sac de plastique.

CHOU-FLEUR
Le garder au frigo dans un sac plastique perforé.

CHOU-RAVE
Garder les feuilles indépendamment du bulbe, car les feuilles
se conservent plus longtemps.

CITROUILLE
Une fois entamée, elle ne se conserve qu'une semaine au
frigo. Sinon, elle peut se conserver des mois dans un endroit
sombre et humide.

CONCOMBRE
L'envelopper dans une pellicule plastique et le placer au frigo.

COURGE
Pour la conserver, la laisser à l'extérieur du frigo dans
un endroit humide et sombre.

COURGETTE
La conserver au frigo dans un sac de plastique perforé.

COUSCOUS
Le conserver dans un contenant hermétique placé dans
un endroit sec et sombre.

CRESSON
Est très fragile et difficile à conserver. L'envelopper dans un papier absorbant humide et le placer dans un sac de plastique perforé rangé dans le bac à légumes du frigo.

DAÏKON
Si on ne le lave pas, il se conservera un à deux mois au frigo.

ÉCHALOTE
Les garder à l'extérieur du frigo dans un sac en papier afin qu'elles ne germent pas.

ENDIVE
Elles s'oxydent à la lumière ; l'idéal est donc de les envelopper dans un papier journal et de les placer au frigo.

ÉPINARDS
Non lavés, ils se conservent plus longtemps. Les placer dans un sac de plastique perforé au frigo.

FENOUIL
Pour une conservation plus longue, séparer les tiges du bulbe et les plonger dans l'eau fraîche. Le bulbe doit être conservé dans un endroit frais et humide.

FLAGEOLETS
Les conserver dans un pot hermétique placé dans un endroit frais et sec.

GINGEMBRE
Les garder dans un placard à l'abri de l'humidité.

GOURGANE
Les laisser dans leur carapace ou les plonger dans une eau fraîche. Elles aiment le frais.

HARICOTS
Non lavés, ils se conservent au frigo dans le bac à légumes.

LAITUE
Toutes les laitues se conservent au frigo dans un sac de plastique perforé placé dans le bac à légumes.

LÉGUMINEUSES SÈCHES
Se conservent dans un contenant hermétique placé dans un endroit sec et sombre.

MÂCHE
La conserver dans un sac de plastique perforé au frigo.

MANIOC
Le placer au frigo dans un contenant hermétique avec
un papier absorbant. Il est très humide.

NAVET
Non lavé, se conserve au frigo dans un sac perforé.

OIGNON
Plus il est humide, moins il se conservera. Il est important
de le garder dans un endroit sec.

OLIVE
Elles nécessitent une salaison et une cuisson pour leur
conservation et leur consommation.

ORGE
Le conserver dans un contenant hermétique placé dans un
endroit sec et sombre.

ORTIES
Les conserver au frigo dans un sac perforé.

OSEILLE
L'envelopper dans un papier absorbant humide puis la placer
au frigo dans un sac de plastique.

PAK-CHOÏ
Le conserver au frigo dans un sac de plastique.

PANAIS
Se conserve dans le bac à légumes du frigo.

PATATE DOUCE
Se conserve à l'air ambiant, placée dans un sac de papier.
Ainsi, la transformation du sucre en amidon ne se fait pas,
ce qui en conserve le goût.

PÂTISSON
Puisque sa peau est plus mince que celle de la courgette,
il se garde moins longtemps. Le garder au frigo dans un sac
de plastique perforé.

PERSIL
L'enrouler dans un papier absorbant humide et le garder
au frigo.

PETITS POIS
Les garder dans un contenant hermétique placé dans un coin sombre du frigo.

PISSENLIT
Le conserver au frigo dans un verre à moitié rempli d'eau.

POIREAU
Le garder à une température proche du point de congélation ou le plonger dans un contenant d'eau conservé au frigo.

POIVRON
Le conserver à l'air ambiant dans un endroit humide ou dans un placard.

POLENTA
La conserver dans un contenant hermétique placé dans un placard.

POMME DE TERRE
La garder à l'extérieur du frigo et au sec, car l'humidité la fera germer.

POTIRON
Le conserver dans un endroit frais et sec.

QUINOA
Le conserver dans un contenant hermétique placé dans un endroit sec.

RACINE DE PERSIL
La conserver à l'extérieur du frigo dans un endroit sec et frais ; éviter le frigo, car elle y ramollira rapidement.

RADIS NOIR
Le conserver au frigo dans un récipient d'eau.

RAPINI
Le conserver non lavé au frigo dans un sac de plastique perforé.

RIZ
Le conserver dans un contenant hermétique placé dans un endroit sec.

SALICORNE
La garder au frigo dans un papier absorbant humide placé dans un contenant hermétique.

SALSIFIS
Le conserver au frigo dans un sac de plastique perforé ou dans un récipient d'eau où la racine sera complètement immergée.

TARO
Le conserver à l'extérieur du frigo comme les pommes de terre.

TOMATE
La garder au frigo dans un sac en papier.

TOPINAMBOUR
Le garder au frigo dans le bac à légumes.

TRUFFE
Pour la conserver le plus longtemps possible, l'envelopper individuellement dans du papier d'aluminium et la placer au congélateur.

Calendrier des saisons

Quand déguster les légumes
à leur meilleur ?

Voici un petit calendrier tout simple
pour vous le rappeler.

Des produits frais, à placer dans
votre assiette tous les mois.

JANVIER

Avocat, banane plantain, carotte, céleri-rave, châtaigne, chou chinois, citrouille, courge musquée, endive, laitue frisée, mâche, oignon, olives, patate douce, poivron, pomme de terre, salsifis, topinambour, truffe.

FÉVRIER

Avocat, carotte, céleri-rave, châtaigne, chou chinois, citrouille, courge musquée, endive, mâche, oignon, patate douce, pissenlit, poireau, pomme de terre, salsifis, topinambour, truffe.

MARS

Avocat, carotte, céleri-rave, chou vert, chou-rave, endive, oignon, ortie, patate douce, pissenlit, poireau, pomme de terre, salsifis.

AVRIL

Ail, asperge blanche, avocat, bette à carde, câpre, carotte, chou vert, chou-rave, daïkon, épinard, flageolet, gingembre, laitue, oignon, ortie, patate douce, pissenlit, pomme de terre.

MAI

Ail, asperge blanche et verte, aubergine, avocat, bette à carde, betterave, câpre, carotte, chou chinois, chou vert, chou-fleur, chou-rave, concombre, daïkon, épinard, fenouil, flageolet, gingembre, laitue, oignon, ortie, oseille, patate douce, pissenlit, pomme de terre, tête de violon, tomate.

JUIN

Ail, artichaut, asperge blanche et verte, aubergine, avocat, bette à carde, brocoli, basilic, câpre, carotte, céleri, chicorée, chou chinois, chou romanesco, chou vert, chou-fleur, chou-rave, concombre, courgette, cresson, daïkon, échalote, épinard, fenouil, flageolet, fleur de courgette, gingembre, gourgane, haricot jaune et vert, laitue, oignon, ortie, oseille, patate douce, persil, pois, pois cassé, poivron, pomme de terre, roquette, salicorne, tomate.

JUILLET

Ail, artichaut, aubergine, avocat, basilic, bette à carde, betterave, brocoli, câpre, carotte, céleri, chicorée, chou chinois, chou de Bruxelles, chou romanesco, chou vert, chou-fleur, chou-rave, concombre, courgette, cresson, daïkon, échalote, épinard, fenouil, flageolet, fleur de courgette, gingembre, gourgane, haricot jaune et vert, laitue, maïs, navet, oignon, ortie, oseille, pak-choï, patate douce, pâtisson, persil, petit pois, pois cassé, poivron, pomme de terre, potiron, roquette, salicorne, tomate.

AOÛT

Ail, artichaut, aubergine, avocat, basilic, bette à carde, betterave, brocoli, câpre, carotte, céleri, chicorée, chou chinois, chou de Bruxelles, chou romanesco, chou vert, chou-fleur, chou-rave, concombre, courgette, cresson, échalote, épinard, fenouil, flageolet, fleur de courgette, gingembre, gourgane, haricot jaune et vert, laitue, maïs, navet, oignon, ortie, oseille, pak-choï, patate douce, pâtisson, persil, poivron, pomme de terre, potiron, roquette, tomate.

SEPTEMBRE

Artichaut, aubergine, avocat, bette à carde, betterave, brocoli, câpre, carotte, céleri, céleri-rave, chicorée, chou chinois, chou de Bruxelles, chou romanesco, chou vert, chou-fleur, chou-rave, concombre, citrouille, courge, courge musquée, courgette, échalote, épinard, fenouil, gingembre, haricot jaune et vert, laitue, maïs, navet, oignon, olive, ortie, oseille, panais, patate douce, pâtisson, persil, poivron, pomme de terre, potiron, roquette, tomate.

OCTOBRE

Avocat, banane plantain, bette à carde, betterave, brocoli, carotte, céleri, céleri-rave, chicorée, chou chinois, chou de Bruxelles, chou romanesco, chou vert, chou-fleur, chou-rave, citrouille, courge, courge musquée, échalote, épinard, fenouil, laitue, maïs, oignon, olive, oseille, panais, patate douce, persil, poireau, poivron, roquette, salsifis, tomate, topinambour.

NOVEMBRE

Avocat, banane plantain, carotte, céleri, céleri-rave, châtaigne, chicorée, chou chinois, chou de Bruxelles, chou vert, chou-rave, citrouille, courge musquée, endive, épinard, fenouil, laitue frisée, mâche, oignon, olive, patate douce, persil, poireau, pomme de terre, salsifis, topinambour, truffe.

DÉCEMBRE

Avocat, banane plantain, carotte, céleri-rave, châtaigne, chou chinois, chou de Bruxelles, citrouille, courge, courge musquée, endive, laitue frisée, mâche, olive, panais, patate douce, poireau, pomme de terre, salsifis, topinambour, truffe.

Table de conversion simplifiée

Un tableau de référence qui vous aidera à faire le calcul de vos mesures pour les aliments liquides et les solides. L'unité de mesure de base est la tasse.

Liquide
(lait, eau, crème)
1 tasse = ¼ de litre ou 250 ml
1 cuillère à soupe = 15 ml

Beurre
1 tasse = ¼ de kilo ou 250 g
1 cuillère à soupe = 15 g

Sucre
1 tasse = 200 g
1 cuillère à soupe = 15 g

Farine
1 tasse = 100 g
1 cuillère à soupe = 10 g

Riz
1 tasse = 200 g
1 cuillère à soupe = 15 g

Chapelure
1 tasse = 100 g
1 cuillère à soupe = 10 g

Récapitulatif des cuissons

Doux : 75 °C / 150 °F
Doux : 100 °C / 200 °F
Doux : 125 °C / 250 °F

Moyen : 150 °C / 300 °F
Moyen : 180 °C / 350 °F

Chaud : 200 °C / 400 °F
Chaud : 220 °C / 425 °F

Des soupes, encore des soupes !

Des recettes inspirantes classées
par ingrédient, de A à Z.

AGNEAU

Soupe à l'agneau

45 min

1 ½ t. d'épaule d'agneau
en cubes
Huile d'olive
1 oignon, haché
4 gousses d'ail, hachées
1 t. de pommes de terre
en cubes
1 t. de carottes en rondelles

1 cuillère à thé de harissa
1 ½ t. de tomates pelées
et concassées
2 t. d'eau
¾ t. d'orge mondé
4 t. de bouillon de bœuf
Sel et poivre

PRÉPARATION : Dans une grande casserole, faire revenir l'agneau dans un filet d'huile d'olive. Ajouter l'oignon et l'ail. À coloration, incorporer les pommes de terre et les carottes. Mettre la harissa et assaisonner. Bien remuer et ajouter les tomates, l'eau, l'orge et le bouillon de bœuf. Laisser mijoter environ 40 minutes à feu doux. Rectifier l'assaisonnement avant de servir.

Quelques morceaux de merguez grillée et des croustilles de pain pita peuvent compléter cette soupe.

AIL

Potage d'ail rôti

40 min

4 têtes d'ail
Huile d'olive
¾ t. de pommes de terre
pelées en cubes
1 blanc de poireau, ciselé
3 t. de lait

1 t. de crème 15 %
2 cuillères à soupe
de beurre
1 cuillère à soupe de
ciboulette fraîche
ciselée
Sel et poivre

PRÉPARATION : Déposer les têtes d'ail entières dans un plat à gratin, arroser d'un filet d'huile d'olive et cuire à 175 °C / 350 °F jusqu'à cuisson complète (au moins 45 minutes). Une fois refroidie, retirer la pulpe de l'ail rôti, l'écraser avec une fourchette et réserver. Dans une casserole, déposer les pommes de terre et le poireau. Verser le lait et porter à ébullition. Une fois la préparation cuite, mixer le tout avec l'ail rôti et la crème. Laisser mijoter de 15 à 20 minutes et assaisonner. Avant de servir, mixer une deuxième fois le potage en y ajoutant le beurre. Bien remuer. Servir dans une assiette creuse, y verser un filet d'huile d'olive et saupoudrer de ciboulette.

Un mariage sera parfait avec des cubes de morue fraîche, grillée sur la peau, déposés au centre de l'assiette avec quelques rondelles d'oignon frit. Un vrai goût de paradis.

Soupe piperade à l'ail et son œuf poché

40 min

1 gros oignon, finement haché
Huile d'olive
2 cuillères à thé de pâte de tomate
⅓ t. de vin blanc
2 t. de tomates en conserve pelées et concassées,
4 gousses d'ail, finement hachées
1 pincée de poudre de piment
2 pincées de thym
2 t. d'eau

1 poivron rouge
1 poivron vert
1 poivron jaune
2 cuillères à soupe de persil haché
4 à 6 œufs frais, entiers
½ t. de vinaigre de vin blanc
Sel et poivre

PRÉPARATION : Dans une grande casserole, faire revenir l'oignon à feux doux dans un filet d'huile d'olive. Ajouter la pâte de tomate et remuer. Ajouter ensuite le vin blanc, les tomates, l'ail, la poudre de piment et le thym. Verser l'eau sur le tout et assaisonner. Laisser mijoter 30 minutes à feu doux. Vider les trois poivrons de leurs graines et les découper en lanières. Dans une poêle, avec un filet d'huile d'olive, les cuire jusqu'à cuisson complète. Les incorporer à la préparation avec le persil haché. Remuer et rectifier l'assaisonnement. Casser un à un les œufs dans des petites tasses et les faire pocher environ 2 minutes dans une casserole d'eau bouillante dans laquelle le vinaigre de vin blanc aura été ajouté. Servir la soupe chaude, avec un œuf poché au centre de chaque assiette.

Quelques tranches de pain grillé accompagnées d'une concassée de tomates et de fines tranches de jambon cru seront un délice avec cette soupe.

ANANAS

Soupe givrée à l'ananas

4 t. d'ananas frais en morceaux	Jus de 1 citron
¾ t. de sorbet à la mangue	1 t. de bleuets

PRÉPARATION : Dans un mélangeur, mixer énergiquement l'ananas, le sorbet et le jus de citron. Faire cette préparation à la dernière minute, au moment de servir, afin qu'elle soit bien givrée par le sorbet. Parsemer la soupe de quelques bleuets au moment de servir.

Cette agréable et très rafraîchissante soupe-dessert peut être servie avec quelques biscuits sablés. C'est simple et délicieux.

ARACHIDE

Soupe asiatique épicée au lait de coco et arachides

25 min

2 échalotes ciselées	2 t. de bouillon de légumes
Huile d'olive	2 t. de lait de coco léger
1 cuillère à thé de pâte de piment fort	1 pincée de poudre de piment
1 gousse d'ail, hachée	½ t. d'arachides torréfiées salées
1 cuillère à thé de gingembre râpé	2 cuillères à soupe de coriandre hachée
1 cuillère à soupe de vinaigre de riz	Sel et poivre
¾ t. de beurre d'arachides	

PRÉPARATION : Dans une casserole, faire revenir l'échalote dans un filet d'huile d'olive. Ajouter la pâte de piment fort et l'ail. Remuer, puis ajouter le gingembre, le vinaigre de riz et le beurre d'arachides. En remuant, verser le bouillon de légumes puis le lait de coco sur le tout et laisser mijoter à feu doux de 10 à 15 minutes. Mettre la poudre de piment et assaisonner. Déposer dans une assiette creuse et parsemer le potage d'arachides et de coriandre. Servir chaud.

Il sera facile de transformer cette préparation en soupe-repas en y incorporant quelques germes de soya crus et des morceaux de poulet.

ARTICHAUT

Potage d'artichauts citron-tomate

2 échalotes, ciselées
Huile d'olive
2 gousses d'ail, finement
   hachées
2 t. de tomates pelées
   et concassées
2 pincées de thym

½ t. de vin blanc
4 fonds d'artichaut, cuits
2 cuillères à soupe de
   coriandre fraîche
   hachée
Zeste de 1 citron
Sel et poivre

25 min

PRÉPARATION : Faire revenir les échalotes dans un filet d'huile d'olive. Ajouter l'ail, les tomates, le thym et le vin blanc. Laisser mijoter à feu doux 15 minutes, retirer du feu et mixer le tout. Assaisonner. Découper les fonds d'artichaut en petits cubes et les ajouter à la préparation, ainsi que la coriandre. Au moment de servir, déposer quelques zestes de citron sur chacune des assiettes.

 Ce potage pourra être accompagné de quelques rondelles d'olives noires et vertes dénoyautées ainsi que de quelques petits cubes de chèvre frais ou de feta.

Soupe glacée à l'artichaut et au fenouil

½ oignon, ciselé
Huile d'olive
1 gros bulbe de fenouil
1 ½ de cubes de fonds
   d'artichaut cuits
2 t. de bouillon de légumes
Jus de 3 citrons

1 cuillère à soupe de
   verveine hachée ou
   d'estragon frais haché
½ bouquet d'aneth, haché
Sel et poivre

30 min

PRÉPARATION : Dans une casserole, faire revenir l'oignon à feu doux dans un filet d'huile d'olive. Laver et hacher finement le fenouil, puis le déposer dans la casserole. Incorporer les cubes d'artichaut et laisser mijoter jusqu'à cuisson complète. Arroser avec le bouillon de légumes et le jus de citron. Porter à ébullition et assaisonner. Ajouter la verveine ou l'estragon et mixer le tout. Réserver au frais jusqu'au moment de servir. Parsemer les assiettes de quelques branches d'aneth haché.

 Agrémenter le tout de quelques croûtons dorés à l'huile d'olive et de petites crevettes de Matane fraîches.

15 min

Gaspacho aux noix de pin et parmesan

1 courgette entière
Huile d'olive
3 t. d'asperges vertes
   en rondelles
2 t. de bouillon de légumes

½ t. de basilic frais haché
½ de parmesan râpé
½ t. de noix de pin torréfiées
Sel et poivre

PRÉPARATION : Laver et couper la courgette en rondelles.
Verser un filet d'huile d'olive dans une casserole et y faire
revenir la courgette et les asperges à feu doux. À mi-cuisson,
verser le bouillon de légumes. Porter rapidement à ébullition.
Assaisonner et mixer le tout en y incorporant le basilic.
Préserver au frais. Servir dans une assiette creuse, parsemer
le gaspacho de parmesan et de noix de pin.

*Sans aucune hésitation : avec de la chair de crabe
ou de homard, le mariage sera parfait.*

30 min

Soupe aux deux asperges et sésame

½ oignon, ciselé
Huile d'olive
2 t. d'asperges vertes
   en rondelles
1 t. de bouillon de légumes
2 t. de crème à cuisson 15 %

1 t. d'asperges blanches
   en rondelles
1 cuillère à soupe de graines
   de sésame blanches
   et noires
Huile de sésame
Sel et poivre

PRÉPARATION : Dans une casserole, faire revenir l'oignon
à feux doux dans un filet d'huile d'olive, puis ajouter les
asperges vertes. Lorsqu'une légère coloration apparaît, verser
le bouillon de légumes et laisser mijoter jusqu'à ébulition.
Incorporer la crème. Une fois les légumes cuits, mixer la
préparation et assaisonner. Dans une autre casserole, cuire
les asperges blanches dans de l'eau bouillante. Réserver.
Servir la soupe bien chaude dans des assiettes creuses,
y ajouter les asperges blanches, la parsemer de graines
de sésame et l'arroser d'un filet d'huile de sésame.

*Délicieuse accompagnée d'un œuf, dur ou poché, au
centre de l'assiette et avec un ou deux filets d'anchois.*

Velouté d'asperges blanches au fromage bleu

2 t. d'asperges blanches
   en rondelles
2 cuillères à soupe de beurre
1 échalote, ciselée
1 ½ t. de pommes de terre
   en cubes
2 t. de bouillon de légumes

1 t. de crème à cuisson 15 %
¼ t. d'éclats de noix
   de Grenoble
½ t. de fromage bleu
   en cubes
Sel et poivre

30 min

PRÉPARATION : Dans une casserole, faire revenir les asperges dans le beurre. Incorporer l'échalote et les pommes de terre. Verser le bouillon de légumes et porter à ébullition jusqu'à cuisson complète. Arroser la préparation avec la crème et assaisonner. Laisser mijoter à feu doux une dizaine de minutes. Parsemer chaque assiette de quelques éclats de noix de Grenoble et de fromage bleu. Servir bien chaud.

 Cette préparation peut être consommée glacée sous forme de gaspacho. L'ajout de quelques lamelles de magret de canard fumé offrira une subtilité sans pareille.

AUBERGINE

Crème froide d'aubergine, yogourt et noix de coco

2 grosses aubergines
Huile d'olive
2 échalotes, ciselées
3 gousses d'ail, hachées
¼ t. de vin blanc

2 t. de bouillon de légumes
1 t. de yogourt nature
1 t. de noix de coco râpée
Sel et poivre

40 min

PRÉPARATION : Diviser les aubergines en deux, faire quelques entailles dans la chair et arroser d'un filet d'huile d'olive. Déposer dans un plat à cuisson et cuire au four à 200 °C / 400 °F de 25 à 30 minutes. Une fois cuite, retirer la chair des aubergines avec une cuillère à soupe. Dans une casserole, faire revenir les échalotes dans un filet d'huile d'olive. Incorporer la chair d'aubergine et l'ail. Arroser la préparation avec le vin blanc. Remuer et assaisonner. Verser le bouillon de légumes et laisser mijoter 10 minutes à feu doux. En fin de préparation, ajouter le yogourt et mixer le tout. Rectifier l'assaisonnement. Ajouter la noix de coco râpée, remuer et laisser reposer au frais de 4 à 5 heures, au minimum.

Cette préparation froide aux aubergines et à la noix de coco accueillera avec plaisir quelques crevettes ou quelques morceaux d'agneau.

Potage d'aubergine, pois chiches et cumin

 40 min

2 aubergines
1 oignon, ciselé
Huile d'olive
1 t. de tomates concassées et pelées
½ t. de vin blanc
2 t. de bouillon de légumes

1 pincée de piment de Cayenne
½ cuillère à thé de cumin
1 cuillère à soupe de coriandre fraîche hachée
1 t. de pois chiches cuits
Sel et poivre

PRÉPARATION : Couper les aubergines en petits morceaux en conservant la peau. Dans un sautoir, faire revenir l'oignon et l'aubergine dans un filet d'huile d'olive. À la coloration, ajouter les tomates. Remuer et déglacer avec le vin blanc, puis incorporer le bouillon de légumes. Ajouter le piment de Cayenne, le cumin et la coriandre. Assaisonner et laisser mijoter à feu doux de 15 à 20 minutes. Mixer la préparation. Réchauffer les pois chiches au moment de servir et les ajouter au potage.

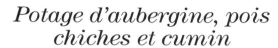 *On peut ajouter des lentilles rouges pour un repas plus soutenant, voire une touche piquante avec quelques morceaux de merguez grillée...*

AVOCAT

Bouillon de crevettes à l'avocat

25 min

5 avocats bien mûrs
2 t. de bouillon de légumes
Jus de 1 citron
Jus de 1 orange
½ cuillère à thé de gingembre frais, râpé
3 cuillères à soupe de vinaigre de riz

1 ½ t. de vermicelle de riz
1 t. de petites crevettes décortiquées
1 cuillère à soupe de ciboulette ciselée
1 cuillère à soupe de coriandre hachée
Sel et poivre

PRÉPARATION : Peler les avocats, en retirer le noyau et les couper en petits morceaux. Réserver. Dans une casserole, verser le bouillon de légumes, le jus des agrumes et le gingembre. Assaisonner et porter à ébullition. Ajouter le vinaigre de riz, les vermicelles et les crevettes. Au moment de servir, incorporer les morceaux d'avocat à la soupe et la parsemer de ciboulette et de coriandre. Servir chaud.

 Pour réaliser une très belle soupe-repas, ne pas hésiter à ajouter du porc, du poulet et même quelques noix de cajou.

Soupe froide avocat, concombre et coriandre

15 min

6 avocats bien mûrs, pelés et coupés en petits cubes
2 concombres anglais, pelés et coupés en petits cubes
1 ½ t. de yogourt nature
Jus de 1 citron

1 gousse d'ail, finement hachée
1 cuillère à soupe de coriandre hachée
Quelques gouttes de Tabasco
Sel et poivre

PRÉPARATION : Dans un mélangeur, déposer les avocats, le concombre, le yogourt, le jus de citron, l'ail, la coriandre et le Tabasco. Assaisonner. Mixer le tout à grande vitesse afin d'obtenir une soupe bien homogène. Si la préparation est trop épaisse, ne pas hésiter à ajouter un peu d'eau.

 Saisir quelques pétoncles dans une poêle et les déposer au centre de l'assiette pour un résultat tout en finesse.

BACON

Velouté au bacon croustillant

40 min

1 ½ t. de bacon tranché
2 t. de panais pelé en rondelles
4 t. de bouillon de légumes

⅓ t. de beurre
2 cuillères à soupe d'estragon haché
Sel et poivre

PRÉPARATION : Hacher grossièrement les deux tiers du bacon, puis les faire revenir sans matière grasse dans une casserole jusqu'à coloration. Ajouter le panais et le bouillon de légumes. Laisser mijoter à feu doux environ 30 minutes, ou jusqu'à la cuisson complète du panais. Assaisonner et incorporer le beurre. Mixer afin d'obtenir une consistance bien lisse. Cuire le bacon restant jusqu'à ce qu'il devienne croustillant. Verser le velouté dans une assiette creuse et le parsemer d'estragon haché et de bacon croustillant.

Déposez un œuf poché au centre de l'assiette. C'est simple et efficace et cela surprendra vos convives.

BANANE

Potage antillais aux bananes

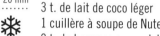

20 min

3 t. de lait de coco léger
1 cuillère à soupe de Nutella
2 t. de bananes en rondelles

½ t. de noix de coco râpée
½ t. de rhum brun

PRÉPARATION : Dans un mélangeur, bien mixer le lait de coco et le Nutella. Ajouter les bananes, la noix de coco et le rhum. Remixer la préparation et la conserver au frais jusqu'au moment de servir.

Saupoudrer de sucre quelques gros morceaux de banane et les caraméliser dans une poêle bien chaude avec une noisette de beurre. Les déposer au centre de l'assiette pour compléter cette superbe soupe-dessert.

BASILIC

Soupe au pistou

40 min

3 courgettes, en rondelles
1 t. de haricots blancs cuits
1 t. de haricots verts
1 ½ t. de pommes de terre
    en petits dés
2 branches de céleri, ciselées
6 gousses d'ail, écrasées

2 gros bouquets de basilic
Huile d'olive
1 ½ t. de tomates pelées
    et concassées
1 t. de gruyère râpé
Sel et poivre

PRÉPARATION : Dans une grande casserole, déposer les courgettes, les haricots, les pommes de terre et le céleri. Couvrir d'eau, assaisonner et porter à ébullition. Cuire les légumes lentement à feu doux. Dans un bol à mortier ou dans un mélangeur, déposer l'ail et le basilic. Assaisonner. Verser quelques filets d'huile d'olive et mélanger le tout. Ajouter les tomates et le gruyère. Mixer jusqu'à l'obtention d'une pâte onctueuse. Ne pas hésiter à y incorporer jusqu'à une demi-tasse d'huile d'olive afin d'obtenir un mélange homogène. Ajouter cette préparation aux légumes cuits dans la casserole au moment de servir.

 Confectionner de gros croûtons de pain dorés à l'huile d'olive et les déposer à la surface. Les noix de pin torréfiées seront également bienvenues dans cette préparation.

BATAVIA

Cappuccino de batavia

1 t. de bouillon de légumes
1 t. de pommes de terre en cubes
1 salade batavia
Huile d'olive
2 échalotes, ciselées

2 t. de crème à cuisson 15 %
1 pincée de piment de Cayenne
½ t. de crème 35 %
Sel et poivre

30 min

PRÉPARATION : Dans une casserole, déposer le bouillon de légumes et les pommes de terre puis porter à ébullition. Laver, rincer et émincer la batavia. Dans une autre casserole, la faire revenir dans un filet d'huile d'olive jusqu'à une légère coloration. Incorporer les échalotes. Ne pas trop colorer afin de garder une belle couleur verte. Ajouter la crème à cuisson et le piment. Assaisonner. Laisser mijoter lentement de 15 à 20 minutes. Mélanger les deux préparations, mixer le tout et conserver au chaud. Dans un petit bol, verser la crème 35 % et la fouetter jusqu'à épaississement. Assaisonner. Verser la préparation de batavia dans de grosses tasses à café ou dans des tasses à expresso. Déposer une petite cuillère de crème fouettée sur les soupes au moment de servir.

 Pour une préparation plus festive, ajouter de la chair de crabe.

BETTE À CARDE

Potage de bette à carde au jambon

4 feuilles de bette à carde
1 ½ t. de pommes de terre en dés
1 tête d'ail entière, non pelée
Huile d'olive

¾ t. de jambon cru en dés
4 t. de bouillon de poulet
2 t. de crème à cuisson 15 %
Sel et poivre

40 min

PRÉPARATION : Rincer à grande eau les feuilles de bettes à carde et les émincer. Les pocher rapidement dans une casserole d'eau bouillante salée. Dans une autre casserole, cuire les pommes de terre. Placer la tête d'ail dans un plat pouvant aller au four et l'arroser d'un généreux filet d'huile d'olive. Cuire 30 minutes à 200 °C / 400 °F. Une fois cuit, peler et réserver l'ail rôti. Dans un sautoir, faire revenir la bette à carde et les pommes de terre préalablement cuites dans un filet d'huile d'olive. Assaisonner. Incorporer les dés de jambon et colorer le tout. Ajouter le bouillon de poulet et la crème. Écraser l'ail en purée et l'ajouter à la préparation. Laisser mijoter et servir chaud.

 Cette soupe paysanne est un délice servie avec un œuf poché dans chaque assiette.

BETTERAVE

25 min

Gaspacho de betterave jaune à l'orange

4 betteraves jaunes
Huile d'olive
1 t. de yogourt nature
Jus de 4 oranges

Jus de 1 citron
¼ t. de vinaigre de pomme
Sel et poivre

PRÉPARATION : Peler les betteraves et les cuire entières dans une casserole d'eau bouillante. Une fois cuites, les retirer de l'eau et les couper en petits cubes. Garder le même volume d'eau de cuisson que les betteraves cuites. Déposer le tout dans un bol à mélangeur avec un filet d'huile d'olive, le yogourt et le jus des agrumes. Assaisonner et verser le vinaigre de pomme. Mixer le tout et préserver au frais jusqu'au moment de servir.

 Dans cette soupe, quelques rondelles de fromage de chèvre frais et un filet de miel seront parfaits.

35 min

Soupe de betteraves au gingembre

4 grosses betteraves rouges, pelées
2 gousses d'ail, hachées
¼ t. de vinaigre de vin rouge
Jus et zeste de 1 citron

2 t. de crème 15 %
1 cuillère à soupe de gingembre râpé
Sel et poivre

PRÉPARATION : Dans une casserole d'eau bouillante, cuire les betteraves jusqu'à cuisson complète, puis les retirer et les couper en morceaux. Conserver de l'eau de cuisson pour la moitié du volume de betteraves. Déposer l'eau de cuisson, les betteraves et les autres ingrédients dans un mélangeur. Assaisonner. Mixer le tout afin d'obtenir une soupe bien homogène. Remettre sur le feu et laisser mijoter 10 à 15 minutes à feu doux jusqu'au moment de servir.

 Parsemer le potage de quelques feuilles de roquette et de quelques bâtonnets d'amandes rôties.

BEURRE

Potage très beurre

35 min

3 t. de bouillon de légumes
2 t. de haricots jaunes longs
1 ½ t. de pommes de terre
   en cubes
1 t. de crème à cuisson 15 %

1 cuillère à soupe de beurre
   d'amandes
1 t. de beurre
Sel et poivre

PRÉPARATION : Dans une grande casserole, mettre le bouillon de légumes, les haricots et les pommes de terre. Laisser mijoter 25 minutes, ou jusqu'à ce que les légumes soient cuits. Ajouter la crème et le beurre d'amandes. Assaisonner. Incorporer le beurre et mixer la préparation. Réserver au chaud jusqu'au moment de servir.

 Quelques éclats d'amandes grillées et torréfiées déposées sur le potage offriront un accompagnement parfait.

BŒUF

Consommé de bœuf asiatique

35 min

4 t. de bouillon de bœuf
2 cuillères à thé de gingembre
   frais râpé
3 gousses d'ail, hachées
1 cuillère à soupe de vinaigre
   de riz
1 cuillère à soupe de miso
1 cuillère à soupe de sauce
   hoisin

Jus de 1 lime
1 t. de germes de soya
1 t. de carottes
   en rondelles
¾ t. de bœuf en
   fines lamelles
Sel et poivre

PRÉPARATION : Dans une grande casserole, mettre le bouillon de bœuf, le gingembre, l'ail, le vinaigre de riz et le miso. Assaisonner. Incorporer la sauce hoisin et le jus de lime. Porter à ébullition pendant une dizaine de minutes. Ajouter les germes de soya et les carottes, puis terminer avec le bœuf. Laisser mijoter à feu très doux environ 20 minutes.

 Ajouter quelques vermicelles de riz pour en faire une soupe-repas.

BROCOLI

Gaspacho de chou-fleur et de brocoli

🕐 30 min

🔥

2 t. de brocoli en morceaux	2 pommes vertes, en dés
2 t. de chou-fleur en morceaux	1 cuillère à soupe de ciboulette ciselée
2 cuillères à soupe de beurre	2 cuillères à soupe de vinaigre de pomme
2 t. de bouillon de légumes	
1 t. de crème 15 %	Sel et poivre

PRÉPARATION : Dans une casserole, faire revenir le brocoli et le chou-fleur dans le beurre, à petit feu. Assaisonner. Ajouter le bouillon de légumes. Laisser mijoter de 5 à 8 minutes, jusqu'à mi-cuisson. Incorporer la crème, les pommes vertes et la ciboulette. Mixer la préparation en y incorporant le vinaigre de pomme. Bien mélanger et réserver au froid quelques heures avant de servir.

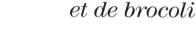 *Trancher quelques fines tranches de chou rouge, assaisonner d'une légère petite vinaigrette maison, disposer le tout sur le gaspacho et terminer avec quelques petites crevettes. Le croquant sera merveilleux.*

Potage de légumes au brocoli

🕐 35 min

3 échalotes, ciselées	2 t. de brocoli
1 blanc de poireau, émincé	1 t. d'épinards
½ t. de beurre	1 gousse d'ail, hachée
Huile d'olive	3 t. de bouillon de légumes
1 t. de pommes de terre en dés	Sel et poivre

PRÉPARATION : Dans une casserole, faire revenir les échalotes et le poireau dans une noix de beurre et un filet d'huile d'olive. À coloration, ajouter les pommes de terre et le brocoli. Remuer. Incorporer les épinards et l'ail. Assaisonner. Verser le bouillon de légumes et cuire à feu doux 30 minutes. Ajouter le reste du beurre et mixer le tout. Servir bien chaud.

 Déposer un œuf poché au centre de l'assiette avec un filet d'huile de pistache et des pistaches grillées concassées.

Soupe de brocoli et lait de coco

20 min

1 cuillère à soupe de beurre	2 t. de lait de coco léger
2 t. de brocoli en morceaux	1 gousse d'ail, hachée
2 échalotes, hachées	Sel et poivre
1 t. de bouillon de légumes	

PRÉPARATION : Faire fondre le beurre dans une casserole et y ajouter les échalotes, le brocoli et l'ail. Remuer le tout et assaisonner. Verser le bouillon de légumes et le lait de coco. Laisser mijoter à feu doux jusqu'à cuisson complète. Mixer la soupe et servir bien chaud.

 Ajouter quelques cubes de saumon poché dans la soupe et la parsemer de quelques flocons de noix de coco râpée. Un vrai délice !

CAFÉ

Crème de café

15 min

2 t. de crème anglaise	Quelques gouttes d'extrait
1 ½ t. de café expresso	de café

PRÉPARATION : Dans un grand bol à mélanger, verser tous les ingrédients. Bien mélanger à l'aide d'un fouet. Réserver au frais jusqu'au moment de servir.

 Servir dans une petite tasse à café garnie de crème fouettée et de quelques brisures de chocolat. Une soupe-dessert qui ne passera pas inaperçue. Se consomme sans modération. On peut aussi la servir chaude.

CALMAR

Soupe de calmar

40 min

2 t. d'anneaux de calmar
Huile d'olive
5 gousses d'ail, hachées
½ oignon, haché
1 t. de poivrons rouges
   en fines lanières
1 ½ t. de pommes de terre
   en petits cubes
½ cuillère à soupe de pâte
   de tomates

½ cuillère à thé de safran
1 t. de vin blanc
2 t. de tomates pelées
   et concassées
½ t. de petits pois
1 pincée de piment
   de Cayenne
Sel et poivre

PRÉPARATION: Dans une grande casserole, faire revenir le calmar à feu doux dans un filet d'huile d'olive. Ajouter l'ail et l'oignon, puis le poivron et les pommes de terre et faire colorer le tout. Ajouter la pâte de tomate et le safran. Déglacer avec le vin blanc et bien remuer. Ajouter les tomates, les petits pois et le piment de Cayenne. Assaisonner. Laisser mijoter 30 minutes à feu doux. Réserver au chaud.

Pour en faire une véritable soupe-repas aux accents méditerranéens, y ajouter une tasse de riz et deux tasses d'eau.

CANARD

Soupe au magret de canard

40 min

1 magret de canard frais
   entier
4 t. de bouillon de poulet
1 t. de carottes en petits
   cubes
1 ½ t. de germes de soya frais
1 t. de sauce hoisin

¼ t. de feuilles de coriandre
   fraîche
1 ½ t. de vermicelles de riz
Jus de 1 lime
1 cuillère à soupe de graines
   de sésame noir
Sel et poivre

PRÉPARATION: Dans une poêle bien chaude et sans matière grasse, cuire le magret côté peau. À coloration, le retourner. Cuire de 5 à 10 minutes afin d'obtenir une cuisson rosée. Retirer le magret et le trancher en fines lanières. Réserver. Dans une grande casserole, mettre le bouillon de poulet, les carottes, les germes de soya, la sauce hoisin et la coriandre. Ajouter les vermicelles de riz et le jus de lime. Assaisonner et terminer avec le sésame noir et les lanières de magret de canard. Bien remuer et laisser mijoter de 20 à 25 minutes à feu doux.

Agrémenter cette soupe-repas de quelques cubes de légumes de saison.

C

CANNEBERGES

Potage aux canneberges et au brie

35 min

½ t. d'échalotes
françaises émincées
Huile d'olive
1 ½ t. de pommes
de terre en cubes
1 t. de vin blanc
3 t. de bouillon de poulet

1 ½ t. de fromage brie
en cubes
⅓ t. de beurre
1 ½ t. de canneberges séchées
Sel et poivre

PRÉPARATION : Dans une grande casserole, caraméliser les échalotes à feu doux dans un filet d'huile d'olive. Ajouter les pommes de terre. Remuer et déglacer au vin blanc. Assaisonner. Verser le bouillon de poulet. Lorsque les pommes de terre sont cuites, ajouter le brie et le beurre. Mixer pour obtenir un résultat lisse. Servir bien chaud dans une assiette creuse et parsemer la soupe de canneberges.

Cuire quelques petits dés de poulet et les incorporer au potage. C'est simple et savoureux.

CÂPRES

Crème marinière aux câpres

25 min

3 t. de moules fraîches
1 oignon, haché
Huile d'olive
1 ½ t. de vin blanc sec

2 t. de crème à cuisson 15 %
¼ t. de câpres
Sel et poivre

PRÉPARATION : Nettoyer une à une les moules à grande eau. Dans une grande casserole, faire revenir l'oignon dans un filet d'huile d'olive. Ajouter les moules et le vin blanc, puis fermer la casserole avec un couvercle. Cuire les moules jusqu'à cuisson complète en s'assurant qu'elles s'ouvrent. Retirer les moules de la casserole, mais y laisser le jus de cuisson et les oignons. Enlever les moules de leur coquille et les replacer dans la casserole, puis ajouter la crème et les câpres. Assaisonner. Laisser mijoter 10 minutes à feu doux et servir.

Ne pas hésiter à placer, au centre de l'assiette, un joli filet de poisson blanc préalablement cuit.

CARAMEL

Potage de caramel au beurre salé

25 min

1 t. de sucre
½ t. de beurre

1 pincée de fleur de sel
2 t. de crème à cuisson 15 %

PRÉPARATION : Dans une casserole, déposer le sucre et démarrer la cuisson du caramel à feu moyen et à sec (sans eau). Une fois que le sucre commence à fondre, surveiller de près la cuisson et ajouter le beurre dès que le sucre commence à prendre une belle couleur dorée. Remuer continuellement à l'aide d'une cuillère de bois. Incorporer la pincée de fleur de sel. Baisser le feu, ajouter la crème et bien mélanger en laissant mijoter à feu très doux. Une fois le potage bien onctueux, le retirer du feu.

 Y déposer quelques morceaux de banane et de biscuits sablés.

CARDON

Soupe aux cardons

40 min

2 t. de cardons émincés
1 t. de carottes en rondelles
1 t. de patates douces
   en cubes
2 t. de bouillon de légumes
1 gousse d'ail, hachée

¼ t. de beurre
1 pincée de muscade
Quelques gouttes de Tabasco
Sel et poivre

PRÉPARATION : Dans une casserole, cuire les cardons, les carottes et les patates douces dans le bouillon de légumes. À cuisson complète, retirer et assaisonner. Ajouter l'ail et mixer. Incorporer le beurre, la muscade et le Tabasco. Laisser mijoter à feu doux de 5 à 10 minutes.

Préparer et disposer sur chacune des assiettes deux fines tranches de bacon grillé et parsemer le tout de persil haché.

CAROTTE

Frappé à la carotte, pomme verte et gingembre

15 min

❄️

2 t. de carottes avec la peau, en morceaux
2 t. de pomme verte avec la peau, en morceaux
1 t. de glaçons

½ cuillère à soupe de gingembre
1 cuillère à soupe de miel
1 pincée de sel

PRÉPARATION : Avec une centrifugeuse, extraire le jus des carottes et des pommes vertes. Dans un mélangeur, mixer le jus obtenu avec le reste des ingrédients. Réserver au frais jusqu'au moment de servir.

 Servir dans de petits verres à shooter et agrémenter d'une paille. Préparation idéale pour les brunchs ou pour accompagner des bouchées lors d'une réception.

Soupe de carottes aux agrumes

35 min

🔥

Jus de 2 oranges
Jus et zeste de 1 citron
Jus de 1 lime
2 t. de carottes en rondelles

1 ½ t. de bouillon de légumes
½ t. de beurre
Sel et poivre

PRÉPARATION : Mélanger le jus des agrumes avec le zeste de citron. Dans une casserole, cuire les rondelles de carotte dans le bouillon de légumes. Une fois les carottes cuites, ajouter le jus d'agrumes et le beurre. Mixer la préparation et assaisonner. Conserver au chaud jusqu'au moment de servir.

 Déposer au centre de chacune des assiettes quelques crevettes cuites décortiquées ou de petits pétoncles.

Velouté de carottes et panais

30 min

🔥

2 échalotes, ciselées
2 cuillères à soupe de beurre
2 t. de carottes en rondelles
1 t. de panais en morceaux

2 t. de bouillon de légumes
1 t. de crème à cuisson 15 %
Sel et poivre

PRÉPARATION : Dans une casserole, faire revenir les échalotes dans le beurre. Ajouter les carottes et le panais. Verser le bouillon de légumes et assaisonner. Cuire jusqu'à cuisson complète, puis verser la crème. Laisser mijoter de 10 à 15 minutes à feu doux. Mixer la préparation et rectifier l'assaisonnement. Conserver au chaud jusqu'au moment de servir.

 Les arômes corsés et boisés des carottes et du panais accueilleront volontiers du bœuf braisé. C'est un délice parsemé de persil haché.

CÉLERI

Gaspacho de céleri aux légumes grillés

35 min

6 tomates bien mûres
3 poivrons rouges
1 courgette
1 oignon
Huile d'olive

1 concombre anglais
1 gousse d'ail, hachée
2 t. de céleri émincé
1 pincée de sel de céleri
Sel et poivre

PRÉPARATION : Couper en deux les tomates, les poivrons, la courgette et l'oignon puis les arroser d'un filet d'huile d'olive. Cuire au barbecue ou au four jusqu'à cuisson complète. Réserver. Peler et épépiner le concombre. Dans un mélangeur, mixer les légumes rôtis, le concombre, l'ail et un filet d'huile d'olive. Ajouter le céleri et le sel de céleri, puis assaisonner. Bien remixer la préparation. La filtrer au besoin et réserver au frais quelques heures avant de servir bien froid.

Confectionner quelques tartines de pain grillé et les agrémenter de tapenade d'olives noires ou vertes pour accompagner cette préparation.

Potage de céleri au basilic

35 min

2 t. de courgettes en rondelles
Huile d'olive
2 t. de bouillon de légumes
3 gousses d'ail, hachées
¾ t. de feuille de basilic

1 ½ t. de céleri émincé
¼ t. de beurre
¼ t. de parmesan râpé
Sel et poivre

PRÉPARATION : Dans une grande casserole, faire revenir les courgettes dans un filet d'huile d'olive. À coloration, ajouter le bouillon de légumes et l'ail. Assaisonner et laisser mijoter jusqu'à cuisson complète, soit de 15 à 20 minutes. Mixer le potage avec le basilic afin d'obtenir une préparation bien homogène. Incorporer le céleri, le beurre et le parmesan. Bien remuer et cuire 5 minutes. Servir bien chaud.

Délicieux avec quelques cubes de blanc de volaille sautés à la tomate et quelques fines herbes. Une belle soupe-repas.

CÉLERI-RAVE

Crème de céleri-rave au beurre d'arachides

40 min

1 gousse d'ail, écrasée
2 t. de céleri-rave pelé
   en cubes
½ t. de beurre d'arachides
4 t. de lait

2 cuillères à soupe de beurre
½ cuillère à soupe
   de coriandre hachée
Sel et poivre

PRÉPARATION : Dans une casserole, déposer l'ail et le céleri-rave. Verser le lait et cuire jusqu'à cuisson complète. Mixer le tout avec le beurre d'arachides et la coriandre hachée. Une fois la préparation bien lisse, assaisonner et ajouter le beurre. Conserver au chaud jusqu'au moment de servir.

Délicieuse crème avec laquelle crevettes et médaillons de porc se marieront parfaitement.

Potage de céleri-rave et noix de Grenoble

35 min

2 t. de céleri-rave pelé
   en cubes
2 t. de bouillon de légumes
1 t. de lait
⅓ t. de beurre

2 t. d'épinards
½ t. de noix de Grenoble
   concassées
1 filet de sauce barbecue
Sel et poivre

PRÉPARATION : Dans une casserole, déposer le céleri-rave et le bouillon de légumes. Cuire jusqu'à mi-cuisson. Ajouter le lait et assaisonner. Laisser mijoter et jusqu'à cuisson complète. Mixer le tout avec le beurre et la sauce barbecue. Au dernier moment, mélanger les épinards au potage, dans la casserole. Bien remuer afin que les feuilles puissent cuire. Avant de servir, parsemer le potage d'éclats de noix de Grenoble.

Succulent avec du porc braisé ou du blanc de poulet, le tout arrosé d'un filet de sauce barbecue.

Velouté de céleri-rave et pomme verte

40 min

4 t. de lait
2 t. de céleri-rave pelé, en cubes
4 pommes vertes
2 cuillères à soupe d'estragon frais haché

Jus et zeste de 1 citron
½ t. de beurre
Sel et poivre

PRÉPARATION : Dans une casserole, faire mijoter le lait et le céleri-rave à feu doux jusqu'à cuisson complète. Retirer du feu et mixer. Couper les pommes vertes en quatre, en retirer les pépins mais en conserver la peau. Dans le mélangeur, ajouter l'estragon, le jus et le zeste du citron ainsi que les morceaux de pomme. Assaisonner et remixer le tout afin d'obtenir une préparation bien lisse. Faire mijoter quelques minutes en incorporant le beurre. Rectifier l'assaisonnement et servir bien chaud.

Un véritable délice servi avec des médaillons de homard et un filet d'huile d'herbes vertes. Ce velouté ne passera pas inaperçu.

CERISE

Soupe aux cerises

25 min

4 t. de cerises fraîches entières
1 ½ t. de vin rosé
1 t. de sucre

1 bâton de cannelle, coupé en deux dans le sens de la longueur
1 t. de kirsch

PRÉPARATION : Dans une casserole, mettre tous les ingrédients et faire mijoter à feu doux de 10 à 15 minutes. Quand les cerises sont cuites, les retirer et les couper en deux, puis les dénoyauter. Réserver la moitié des cerises, remettre l'autre moitié dans le jus de cuisson et cuire à feu moyen. Retirer le bâton de cannelle et mixer la préparation. Ajouter les cerises réservées au moment de servir.

Délicieux avec une boule de crème glacée à la vanille, quelques brisures de meringue et de la menthe fraîche hachée.

CHAMPIGNON

Crème de champignons portobellos au porto

20 min

5 échalotes françaises, ciselées
¼ t. de beurre
2 t. de portobellos en cubes
¾ t. de porto

2 t. de lait
2 t. de crème à cuisson 15 %
Sel et poivre

PRÉPARATION : Dans une casserole, colorer les échalotes dans le beurre, puis ajouter les portobellos. Assaisonner. Cuire à feu moyen jusqu'à une légère coloration. Déglacer avec le porto. Faire mijoter 5 minutes avant de verser le lait et la crème. Porter lentement à ébullition, à feu doux. Rectifier l'assaisonnement et mixer la préparation. Réserver au chaud jusqu'au moment de servir.

 Avec quelques croûtons dorés, un œuf poché, voire quelques feuilles de jeunes épinards, le résultat sera parfait.

Potage de petits champignons

35 min

1 t. d'échalotes françaises ciselées
¼ t. de beurre
2 t. de champignons de Paris ou café en lamelles

1 t. de vin blanc sec
1 t. de lait
2 t. de crème à cuisson 15 %
Sel et poivre

PRÉPARATION : Dans une casserole, faire revenir les échalotes dans le beurre, puis ajouter les champignons. À coloration, verser le vin blanc. Assaisonner, remuer et laisser réduire le vin au trois quarts. Verser le lait et la crème. Faire mijoter 15 minutes à feu doux. Mixer la préparation et réserver au chaud jusqu'au moment de servir.

 fouetter une tasse de crème 35 %, l'assaisonner et y incorporer des brisures de bacon grillé croustillant. Déposer la crème fouettée sur le potage : un merveilleux cappuccino vient de naître !

Velouté de morilles

25 min

2 t. de morilles sèches
    ou fraîches
¼ t. de beurre
3 échalotes françaises,
    ciselées
¼ t. de martini sec
    ou de vermouth

½ t. de fond brun
2 t. de lait
1 t. de crème à cuisson 35 %
Sel et poivre

PRÉPARATION : Rincer les morilles à grande eau et les couper en petites rondelles. Absorber le restant d'eau avec un essuie-tout et déposer les champignons dans une casserole, avec le beurre et les échalotes. Faire mijoter à feu doux. Déglacer avec l'alcool et assaisonner. Verser le fond brun et bien remuer. Terminer avec le lait et la crème. Cuire à feu doux 15 minutes. Servir bien chaud

 Au centre de chaque assiette, déposer un œuf mollet ainsi que quelques tranches de homard cuit. Vous serez au paradis, je vous le garantis !

CHÈVRE

Soupe verte au chèvre

35 min

2 échalotes françaises,
    émincées
1 ½ t. d'asperges vertes
1 ½ t. de courgettes
    en rondelles
Huile d'olive
1 gousse d'ail, hachée

3 t. de bouillon de légumes
½ t. de feuilles de basilic frais
1 t. de fromage de chèvre frais
Sel et poivre

PRÉPARATION : Dans une casserole, faire revenir les échalotes, les asperges et les courgettes dans un filet d'huile d'olive jusqu'à une légère coloration. Ajouter l'ail et arroser avec le bouillon de légumes. Cuire à feu doux jusqu'à ce que les légumes soient bien cuits. Assaisonner et ajouter le basilic et le chèvre. Mixer afin d'obtenir une soupe bien homogène. Rectifier l'assaisonnement au besoin. Conserver au chaud.

 Confectionner une crème fouettée avec un peu de fromage de chèvre frais et en déposer une petite cuillère sur chaque assiette. C'est délicieux.

CHOCOLAT

Soupe au chocolat et aux guimauves

15 min

2 t. de lait
1 t. de crème à cuisson 15 %

2 t. de chocolat noir 70 % en morceaux
1 t. de petites guimauves

PRÉPARATION : Dans une grande casserole, porter le lait et la crème à ébullition. À feu très doux , ajouter le chocolat noir et remuer continuellement avec une cuillère afin de bien faire fondre et de bien mélanger le chocolat. À l'obtention d'une soupe onctueuse, couper le feu. Servir chaud avec quelques petites guimauves à la surface.

 Ajouter quelques éclats d'amandes effilées et grillées ainsi qu'un peu de zeste d'orange fraîchement râpé. C'est délicieux et intense.

CHORIZO

Soupe au chorizo

40 min

3 échalotes françaises, émincées
1 t. de poivrons rouges en lanières
Huile d'olive
1 ½ t. de chorizo en fines tranches
1 t. de pois chiches cuits

1 t. de lentilles cuites
1 ½ t. de tomates pelées en morceaux
1 ½ t. de bouillon de poulet
Sel et poivre

PRÉPARATION : Dans une casserole, faire revenir les échalotes et les poivrons dans un filet d'huile d'olive. À coloration, ajouter le chorizo et le faire revenir. Ajouter les pois chiches, les lentilles, les tomates et le bouillon de poulet. Assaisonner. Laisser mijoter 20 minutes à feu doux. Servir chaud.

 Quelques dés de pommes de terre et de poulet pourront compléter cette soupe.

C

CHOU BLANC

Soupe de chou blanc
à la bière blanche

35 min

2 t. de chou blanc émincé
Huile d'olive
1 t. de bacon fumé haché
1 t. de fond brun

2 bouteilles de bière blanche
de 340 ml
1 t. de bouillon de légumes
1 t. de gruyère râpé
Sel et poivre

PRÉPARATION : Dans une casserole, déposer le chou blanc et un filet d'huile d'olive. Assaisonner et laisser colorer légèrement à feu doux. Incorporer le bacon fumé et remuer le tout. Verser le fond brun et déglacer avec la bière blanche. Bien mélanger. À la première ébullition, verser le bouillon de légumes. Laisser mijoter à feu doux. Servir la soupe parsemée de gruyère râpé.

Des saucisses grillées et coupées en rondelles seront un bel atout.

CHOU CHINOIS

Consommé asiatique
de chou chinois

25 min

4 t. de bouillon de légumes
2 t. de chou chinois finement
émincé
2 gousses d'ail, hachées
½ cuillère à thé de gingembre
frais râpé
1 cuillère à soupe de sauce
soya
4 cuillères à soupe
de vinaigre de riz

1 cuillère à soupe de miel
3 cuillères à soupe de sauce
hoisin
1 t. de carottes râpées
½ t. d'arachides grillées
1 t. de petites crevettes
décortiquées
Sel et poivre

PRÉPARATION : Dans une grande casserole, mettre le bouillon de légumes, le chou chinois, l'ail haché, le gingembre, la sauce soya, le vinaigre de riz, le miel et la sauce hoisin. Assaisonner et porter à ébullition. Au moment de servir, terminer la préparation avec les carottes, les arachides et les crevettes. Rectifier l'assaisonnement et servir bien chaud.

Compléter ce consommé avec quelques vermicelles de riz et des dés de poulet pour confectionner une très belle soupe-repas.

CHOU DE BRUXELLES

Potage de choux de Bruxelles aux saucisses

1 oignon finement haché
Huile d'olive
1 ½ t. de petits pois
2 t. de choux de Bruxelles
    en quartiers
1 cuillère à thé d'origan
1 t. de vin blanc

2 gousses d'ail, hachées
¼ t. de parmesan râpé
4 t. de bouillon de légumes
4 saucisses grillées
Sel et poivre

40 min

PRÉPARATION : Dans une grande casserole, faire revenir les oignons dans un filet d'huile d'olive jusqu'à une légère coloration. Ajouter les petits pois, les choux de Bruxelles et l'origan. Assaisonner. Faire revenir le tout et déglacer avec le vin. Ajouter l'ail haché, le parmesan et le bouillon de légumes, puis cuire lentement à feu doux de 20 à 25 minutes. Retirer et mixer le tout. Conserver au chaud jusqu'au moment de servir. Découper les saucisses grillées en rondelles et les déposer dans la préparation.

Quelques croûtons ainsi qu'un trait d'une huile épicée seront parfaits avec cette soupe.

CHOU-RAVE

Crème froide au chou-rave

½ oignon ciselé
¼ t. de beurre
2 t. de chou-rave pelé
    en morceaux
¼ t. de vin blanc

2 t. de bouillon de poulet
1 t. de crème à cuisson 15 %
Sel et poivre

40 min

PRÉPARATION : Dans une casserole, faire doucement revenir les oignons dans le beurre à feu doux. Ajouter le chou-rave, puis déglacer avec le vin. Laisser mijoter et réduire 5 minutes. Verser le bouillon de poulet. Cuire le chou-rave jusqu'à cuisson complète. Assaisonner et mixer le tout. Ajouter la crème et cuire à feu doux de 10 à 15 minutes. Rectifier l'assaisonnement. Placer la préparation au frais quelques heures avant de la servir.

Servir cette crème froide dans des verres à eau remplis à mi-hauteur. Ajouter quelques petites crevettes ainsi qu'un léger filet d'huile de persil. Quelques petits croûtons seront également les bienvenus.

C

CHOU ROUGE

Soupe de chou rouge aux lardons

40 min

1 t. de lardons
1 t. d'oignon ciselé
1 pincée de thym
2 t. de chou rouge émincé

1 t. de vin rouge
2 t. de bouillon de légumes
½ t. de beurre
Sel et poivre

PRÉPARATION : Dans une casserole, faire revenir les lardons sans ajout de matière grasse. Ajouter l'oignon et le thym. Colorer le tout. Incorporer le chou rouge et remuer. Verser le vin et assaisonner. Laisser mijoter 5 minutes afin de réduire le vin, puis verser le bouillon de légumes. Cuire à feu doux de 10 à 15 minutes et incorporer le beurre. Mixer le tout et servir chaud.

 Un extra de lardons dans la soupe et quelques croustilles de pain seront les bienvenus.

CHOU-FLEUR

Velouté de chou-fleur au gruyère

35 min

1 pomme de terre, en petits
    cubes
2 t. de chou-fleur
1 cuillère à soupe de beurre
3 t. de lait

1 pincée de muscade
1 ½ t. de gruyère râpé
Sel et poivre

PRÉPARATION : Dans une casserole, faire revenir la pomme de terre et le chou-fleur dans le beurre à feu doux. Assaisonner. Ajouter le lait et la muscade et cuire jusqu'à cuisson complète des légumes. Mixer la préparation et rectifier l'assaisonnement. Incorporer le gruyère et remuer le tout. Servir bien chaud.

Un très bel et simple accord sera d'agrémenter le tout avec des petits dés de jambon cuit.

CITRON

Potage au citron

35 min

1 ½ t. de pommes de terre en cubes	Jus de 3 citrons
1 t. de bouillon de poulet	Zeste de 1 citron
2 t. de crème à cuisson 15 %	Sel et poivre
3 jaunes d'œuf	

PRÉPARATION : Dans une casserole, cuire les pommes de terre dans le bouillon de poulet. Ajouter la crème et assaisonner. Incorporer les jaunes d'œuf ainsi que le jus de citron et le zeste de citron. Mixer. Laisser mijoter de 5 à 10 minutes à feu doux. Servir bien chaud dans des assiettes creuses.

 Compléter cette soupe méditerranéenne avec quelques cubes de poulet simplement revenus à la poêle et déglacés au jus de citron, c'est délicieux.

CITROUILLE

Potage de citrouille et noisette

35 min

4 t. de bouillon de légumes	¼ t. de beurre
2 t. de citrouille en cubes	¼ t. de noisettes torréfiées concassées
Zeste de 1 orange	
1 t. de crème à cuisson 15 %	Sel et poivre

PRÉPARATION : Dans une casserole, mettre le bouillon de légumes et la citrouille. Cuire à feu doux jusqu'à cuisson complète. Mixer le tout et assaisonner. Ajouter le zeste d'orange, la crème et le beurre, puis laisser réduire quelques minutes à feu moyen. Servir bien chaud. Parsemer chaque assiette de quelques éclats de noisettes.

Un léger filet de sirop d'érable et quelques morceaux de poulet rôti seront parfaits sur ce potage.

CONCOMBRE

10 min

Gaspacho de concombre au melon d'eau

2 t. de concombre anglais
   pelé en cubes
2 t. de melon d'eau en cubes

½ t. de menthe fraîche hachée
Sel et poivre

PRÉPARATION : Dans un mélangeur, déposer le concombre, le melon d'eau et la menthe. Assaisonner légèrement et mixer. Réserver au frais jusqu'au moment de servir.

 Servir ce gaspacho bien glacé. Sublime avec quelques dés de feta ou une salade de fruits de mer.

CORNICHON

30 min

Soupe froide aux cornichons et au saumon fumé

1 t. de pommes de terre
   en cubes
1 t. de bouillon de légumes
1 t. de crème à cuisson 15 %

¾ t. de cornichons
   au vinaigre
¾ t. de saumon fumé
Sel et poivre

PRÉPARATION : Dans une casserole d'eau bouillante, cuire les pommes de terre, puis les retirer de l'eau et les déposer dans une autre casserole avec le bouillon de légumes et la crème. Assaisonner. Laisser mijoter à feu doux environ 10 minutes. Ajouter les cornichons et le saumon fumé. Retirer du feu et mixer. Rectifier l'assaisonnement au besoin. Conserver cette soupe au frais jusqu'au moment de servir.

Quelques craquelins agrémentés de saumon fumé seront parfaits avec cette soupe.

COURGE MUSQUÉE

Crème de courge musquée au lait de coco

2 t. de courge musquée
en cubes
1 cuillère à soupe
de beurre

1 cuillère à thé de poudre
ou de pâte de curry
2 t. de lait de coco léger
Sel et poivre

35 min

PRÉPARATION : Cuire la courge musquée dans une casserole d'eau bouillante. Lorsque la courge est cuite, l'égoutter et la placer dans une autre casserole avec le beurre et le curry. Assaisonner et faire revenir à feu doux afin de bien mélanger le curry. Verser le lait de coco et laisser mijoter 15 minutes à feu doux. Retirer du feu et mixer. Conserver au chaud et émulsionner d'un coup de batteur juste au moment de servir.

Quelques mini-crevettes décortiquées ainsi qu'une simple feuille de coriandre seront les bienvenues sur cette belle création.

COURGE SPAGHETTI

Velouté de courge spaghetti au citron

1 courge spaghetti
Huile d'olive
1 cuillère à soupe
de citron confit

Jus et zeste de 1 citron
2 t. de bouillon de légumes
⅓ t. de beurre
Sel et poivre

45 min

PRÉPARATION : Diviser la courge en deux, arroser la chair d'un filet d'huile d'olive et recouvrir chaque partie de papier d'aluminium. Cuire au four 25 à 30 minutes à 190 °C / 375 °F. Lorsque la courge est cuite, en retirer la chair à l'aide d'une cuillère et la déposer dans une casserole. Ajouter le citron confit ainsi que le jus et le zeste de citron. Assaisonner. Verser le bouillon de légumes et laisser mijoter à feu doux de 10 à 15 minutes. Retirer du feu et mixer. Incorporer le beurre et bien remuer. Conserver au chaud jusqu'au moment de servir.

 Au moment de servir, disposer quelques cubes de tofu ou de feta dans l'assiette et y verser un léger filet d'huile d'olive.

COURGETTE

Potage de courgettes basilic-parmesan

20 min

2 t. de courgettes en rondelles
3 t. de bouillon de légumes
2 gousses d'ail, hachées

1 t. de basilic frais
1 t. de parmesan râpé
2 cuillères à soupe de beurre
Sel et poivre

PRÉPARATION : Déposer les courgettes dans une casserole avec le bouillon de légumes. Cuire lentement jusqu'à cuisson complète. Ajouter l'ail, le basilic, le parmesan et le beurre, puis assaisonner. Mixer afin d'obtenir un potage homogène. Servir bien chaud.

Accompagné de quelques petites boules de viande cuite avec des herbes de Provence, cela deviendra un vrai délice.

Soupe de courgettes méditerranéenne

35 min

1 poivron rouge, en lanières
2 échalotes françaises, ciselées
Huile d'olive
2 t. de courgettes en rondelles
2 tomates bien mûres, coupées en quatre

½ t. de pommes de terre en cubes
2 gousses d'ail, hachées
2 cuillères à soupe de pastis
3 t. de bouillon de légumes
¼ t. de parmesan râpé
¼ t. de basilic haché
Sel et poivre

PRÉPARATION : Dans une casserole, faire revenir le poivron et les échalotes dans un filet d'huile d'olive. Continuer avec les courgettes et les tomates. Remuer et assaisonner. Ajouter les pommes de terre et l'ail. Déglacer la préparation avec le pastis. Verser le bouillon de légumes et cuire environ 20 minutes. Lorsque les légumes sont cuits, ajouter le parmesan et le basilic. Mixer et rectifier l'assaisonnement au besoin. Servir bien chaud.

On peut accompagner cette soupe de quelques croûtons dorés parfumés aux fines herbes, voire de quelques gouttes de vinaigre au centre de l'assiette pour offrir une belle touche d'acidité.

CRABE

Soupe froide au crabe

2 t. de melon miel bien mûr
2 t. de melon d'eau, en cubes
5 tomates mûres
Glaçons
2 cuillères à soupe
    de vinaigre de Xérès

1 t. de chair de crabe
    cuite et émiettée
3 cuillères à soupe
    d'huile d'olive
4 lanières de courgette
Sel et poivre

40 min

❄

PRÉPARATION : Peler le melon miel, le couper en deux et en retirer tous les pépins. Avec une cuillère parisienne, former des boules et réserver. Tailler grossièrement le reste du melon miel et le mettre au mélangeur avec le melon d'eau et quatre des cinq tomates. Mixer avec quelques glaçons, une cuillère à soupe de vinaigre de Xérès, puis assaisonner. Réserver au frais jusqu'au moment de servir. Dans un petit récipient, déposer le crabe et la tomate restante coupée en petits dés. Assaisonner, puis ajouter l'huile et le reste du vinaigre. Disposer une lanière de courgette au centre de chacune des assiettes creuses et y déposer la préparation de crabe. Verser ensuite la soupe de tomate au melon autour de la salade. Décorer de quelques boules de melon.

 Cette recette légère est, par sa fraîcheur, idéale pour les beaux jours. Quelques gouttes de Tabasco à la surface de chaque assiette relèveront cette entrée et quelques feuilles de menthe fraîche finement hachées lui donneront une touche exotique.

CREVETTES

Velouté aux crevettes

1 ½ t. de blancs
    de poireau émincés
1 ½ t. de pommes
    de terre en cubes
¼ t. de beurre

2 ½ t. de bouillon
    de légumes
1 ½ t. de petites
    crevettes décortiquées
Sel et poivre

35 min

PRÉPARATION : Dans une casserole, faire revenir les blancs de poireau et les pommes de terre dans deux cuillères à soupe de beurre. À coloration, verser le bouillon de légumes. Cuire lentement. Assaisonner et mixer. Ajouter le reste du beurre et bien mélanger. Laisser mijoter de 5 à 10 minutes à feu doux. Incorporer les petites crevettes décortiquées à la préparation juste avant de servir.

Parsemez du persil haché et quelques petits croûtons dorés sur le velouté.

DAIKON

Crème froide de daikon

35 min

2 t. de bouillon de légumes
1 ½ t. de daikon pelé
   en cubes
2 t. de pomme de terre
   en cubes

1 ½ t. de crème 15 %
1 cuillère à soupe de beurre
Sel et poivre

PRÉPARATION : Dans une grande casserole, verser le bouillon de légumes et déposer le daikon et les pommes de terre. Laisser mijoter de 20 à 25 minutes, jusqu'à ce que les légumes soient cuits. Ajouter la crème et le beurre. Mixer le tout afin d'obtenir une préparation bien lisse. Assaisonner et bien remuer. Conserver au froid jusqu'au moment de servir.

Qu'elle soit servie dans des assiettes creuses ou dans de petites verrines, cette crème froide ne passera pas inaperçue servie avec quelques tartines de hareng fumé.

DINDE

Velouté forestier à la dinde

35 min

4 échalotes françaises,
   émincées
Huile d'olive
1 ½ t. de champignons
   de Paris émincés

2 t. de bouillon de poulet
1 t. de crème à cuisson 15 %
1 t. de dinde en cubes
Sel et poivre

PRÉPARATION : Dans une casserole, faire revenir les échalotes dans un filet d'huile d'olive. Ajouter les champignons et colorer. Verser le bouillon de poulet et la crème. Assaisonner et faire mijoter à feu doux environ 20 minutes. Mixer la préparation et rectifier l'assaisonnement au besoin. Poêler les cubes de dinde et les incorporer au velouté. Servir chaud.

Quelques oignons caramélisés parsemés sur ce velouté et il sera parfait.

DORÉ

Soupe au doré

35 min

2 t. de courgettes
    en rondelles
Huile d'olive
⅓ t. de vin blanc
4 gousses d'ail, hachées

1 t. de doré frais, en cubes
3 t. de bouillon de légumes
Jus de 2 citrons
Sel et poivre

PRÉPARATION : Faire revenir les courgettes dans un filet d'huile d'olive. À coloration, ajouter le vin blanc, l'ail et le poisson. Assaisonner et ajouter le bouillon de légumes. Laisser mijoter à feu doux jusqu'à ce que le poisson soit cuit. Mixer la préparation et ajouter le jus de citron. Rectifier l'assaisonnement avant de servir.

 Servir cette soupe avec un filet de crème sure et quelques croûtons dorés.

ÉCHALOTE

Soupe gratinée aux échalotes

35 min

1 ½ t. d'échalotes
    françaises ciselées
2 cuillères à soupe de beurre
1 t. de fond brun
2 t. de bouillon de légumes

1 ½ t. de gruyère râpé
1 ½ t. de croûtons
    de pain baguette
Sel et poivre

PRÉPARATION : Dans une casserole, faire revenir les échalotes dans le beurre jusqu'à coloration. Verser le fond brun et le bouillon de légumes. Assaisonner et laisser mijoter de 10 à 15 minutes. Mettre les croûtons de pain sur une plaque allant au four et sur chacun d'eux, déposer du fromage. Gratiner. Servir les croûtons sur le potage.

 Cette délicieuse soupe se suffit à elle même, mais servie avec un gruyère âgé, elle devient vraiment très intéressante.

ENDIVES

Velouté d'endives au beurre

2 t. d'endives émincées
⅓ t. de beurre
1 ½ t. de pommes de terre
   en très petits cubes
1 pincée de paprika

1 gousse d'ail écrasée
2 t. de lait
1 ½ t. de gruyère râpé
Sel et poivre

40 min

PRÉPARATION : Dans une casserole, faire revenir les endives dans le beurre sans coloration. Ajouter les pommes de terre, le paprika et l'ail. Remuer et assaisonner, puis verser le lait. Laisser mijoter à feu doux de 10 à 20 minutes jusqu'à ce que les endives soient complètement cuites. Terminer en incorporant le gruyère râpé. Mixer et servir bien chaud.

Quelques dés de jambon blanc cuit parsemés sur le potage et le tour est joué.

ÉPINARDS

Crème d'épinards aux œufs durs

4 t. d'épinards
3 cuillères à soupe de beurre
4 gousses d'ail, hachées
1 ½ t. de lait

1 ½ t. de crème
   à cuisson 15 %
5 œufs durs
Sel et poivre

30 min

PRÉPARATION : Dans une casserole, cuire lentement les épinards dans le beurre à petit feu, puis ajouter l'ail, le lait et la crème. Assaisonner. Laisser mijoter à feu doux 15 à 20 minutes et mixer. Hacher finement les œufs durs et en parsemer la préparation au moment de servir.

Ajouter quelques feuilles d'estragon ou d'aneth frais sur le potage pour une véritable explosion de saveurs.

Potage d'épinards et légumes verts

4 t. de bouillon de légumes
2 t. d'épinards frais
1 ½ t. de petits pois
1 ½ t. de haricots verts

2 gousses d'ail, hachées
⅓ t. de beurre
Sel et poivre

25 min

PRÉPARATION : Verser le bouillon de légumes dans une casserole avec les épinards, les petits pois, les haricots verts et l'ail et cuire 15 minutes. Assaisonner. Ajouter le beurre et mixer. Servir bien chaud.

Une cuillère de mascarpone au centre de chacune des assiettes ainsi que quelques pincées de persil haché feront de ce potage un réel délice.

FENOUIL

Potage de fenouil au citron

2 t. de fenouil émincé
Huile d'olive
3 échalotes, ciselées
½ t. de vin blanc

Zeste de 2 citrons, haché
4 t. de bouillon de légumes
Sel et poivre

30 min

PRÉPARATION : Dans une casserole, faire revenir le fenouil dans un filet d'huile d'olive. Ajouter les échalotes et déglacer avec le vin. Laisser mijoter de 2 à 3 minutes. Ajouter le zeste des citrons et le bouillon de légumes. Assaisonner. Terminer la cuisson à feu doux. Mixer et servir bien chaud.

Placer un filet de poisson blanc au centre de chacune des assiettes et arroser le tout d'un filet d'huile d'olive et de quelques gouttes de jus de citron. Délicieux !

FÈVES BLANCHES

Velouté de fèves blanches au romarin

35 min

½ oignon ciselé
Huile d'olive
2 t. de fèves blanches, cuites
5 gousses d'ail, hachées

4 t. de bouillon de poulet
¼ t. de beurre
1 cuillère à soupe de romarin
    finement haché
Sel et poivre

PRÉPARATION : Dans une casserole, faire revenir l'oignon dans un filet d'huile d'olive. À légère coloration, ajouter les fèves et l'ail. Assaisonner et ajouter le bouillon de poulet. Laisser mijoter de 15 à 20 minutes et mixer la préparation avec le beurre. Rectifier l'assaisonnement au besoin et servir bien chaud en parsemant la surface de romarin.

Idéal servi avec quelques fines tranches de prosciutto ou un autre jambon cru.

FÈVES NOIRES

Potage de fèves noires sauce barbecue

20 min

3 t. de bouillon de poulet
2 t. de fèves noires cuites
4 gousses d'ail, hachées

¾ t. de sauce barbecue
Sel et poivre

PRÉPARATION : Dans une casserole, placer le bouillon de poulet, les fèves et l'ail. Laisser mijoter à feu doux de 10 à 15 minutes. Incorporer la sauce barbecue et assaisonner. Mixer et conserver au chaud jusqu'au moment de servir.

Servie avec quelques craquelins et un effiloché de porc braisé, c'est délicieux.

FÈVES ROUGES

Soupe volcanique d'Alexandre

35 min

½ oignon haché
Huile d'olive
1 ½ t. de fèves rouges,
  cuites
1 t. de bœuf haché cuit
2 gousses d'ail, hachées
1 cuillère à soupe de pâte
  de tomate

3 cuillères à thé de poudre
  de chili
1 ½ t. de tomates pelées
  et concassées
2 t. de bouillon de poulet
1 t. de riz cuit
Quelques gouttes de Tabasco
Sel et poivre

PRÉPARATION : Dans une casserole, faire revenir les oignons dans un filet d'huile d'olive. À coloration, incorporer les fèves, la viande, l'ail et la pâte de tomate. Assaisonner et remuer. Ajouter la poudre de chili, les tomates, le bouillon de poulet et le riz. Bien remuer. Ajuster l'intensité de la préparation avec du Tabasco à volonté. Servir bien chaud avec quelques tortillas.

 Alexandre est un de mes grands amis, et il me tenait à cœur de lui offrir ce clin d'œil, mais je ne suis pas responsable des éventuelles brûlures d'estomac...

FIGUES

Soupe de figues au porto

25 min

2 t. de figues fraîches
  coupées en deux
¾ de t. de sucre
1 t. de porto

Zeste de 1 citron
1 t. d'eau
⅓ t. d'amandes rôties

PRÉPARATION : Dans une grande casserole, déposer les figues et le sucre. Arroser avec le porto et cuire à feu doux environ 10 minutes. Ajouter le zeste de citron et l'eau. Mixer la préparation et laisser mijoter 5 à 10 minutes à feu doux. Parsemer les amandes rôties dans la soupe au moment de servir.

 Une boule de crème glacée à la vanille et un filet de miel feront une merveille de cette ravissante soupe-dessert.

FLÉTAN

Velouté blanc au flétan

⏱ 40 min

🔥

1 ½ t. de blancs de poireau émincés
⅓ t. de beurre
1 ½ t. de pommes de terre en cubes
4 gousses d'ail, hachées

3 t. de bouillon de légumes
Quelques gouttes de Tabasco
1 ½ t. de flétan en cubes
Huile d'olive
Sel et poivre

PRÉPARATION : Dans une casserole, faire revenir les blancs de poireau dans une noix de beurre. À coloration, ajouter les pommes de terre et l'ail. Arroser le tout avec le bouillon de légumes et assaisonner. Cuire à feu doux. Mixer la préparation en y incorporant le reste du beurre et quelques gouttes de Tabasco. Dans une poêle, saisir le flétan dans un filet d'huile d'olive. Servir le velouté dans des assiettes creuses et avec quelques cubes de poisson.

 Dans une casserole, ouvrir quelques palourdes avec du vin blanc et une persillade, puis les ajouter dans cette préparation.

FOIE GRAS

Potage gourmand au foie gras

⏱ 40 min

🔥

4 t. de lait
2 t. de céleri-rave en cubes
¼ t. de beurre

¾ t. de foie gras frais en cubes
Sel et poivre

PRÉPARATION : Dans une grande casserole, mettre le lait et le céleri-rave. Porter à ébullition et cuire à feu moyen. Assaisonner et mixer. Ajouter le beurre. Dans une poêle bien chaude, cuire le foie gras et assaisonner. Conserver la graisse de cuisson du foie gras et l'incorporer dans le potage, puis bien mélanger. Servir la soupe dans des assiettes creuses et déposer les cubes de foie gras sur le portage.

 Avec quelques croûtons dorés et quelques copeaux de truffe, ce plat est en fête.

FRAISES

Soupe de fraises

15 min

4 t. de fraises
⅔ t. de sucre

Jus de 1 citron
2 cuillères à soupe
de basilic frais

PRÉPARATION : Dans un mélangeur, déposer tous les ingrédients et mixer énergiquement. Réserver au frais jusqu'au moment de servir.

 Congeler une partie de cette soupe et en confectionner des boules de sorbet, puis en disposer une au centre de chaque assiette au moment de servir. Arroser de gouttes de vinaigre balsamique pour couronner le tout.

FRUITS DE MER

Velouté aux fruits de mer

40 min

1 oignon haché
Huile d'olive
4 gousses d'ail, hachées
1 cuillère à thé de satran
1 t. de vin blanc
2 t. de pommes de terre
en cubes
4 t. de bouillon de légumes

1 t. de petites crevettes
décortiquées
1 t. d'anneaux de calmars
1 t. de moules cuites
décortiquées
⅓ t. de beurre
Sel et poivre

PRÉPARATION : Dans une grande casserole, faire revenir l'oignon dans un filet d'huile d'olive. À coloration, ajouter l'ail et le safran. Déglacer avec le vin blanc et ajouter les pommes de terre. Arroser avec le bouillon de légumes. Lorsque les légumes sont cuits, assaisonner et mixer. Ajouter les crevettes, les calmars, les moules et le beurre, puis remuer afin de bien mélanger. Servir bien chaud.

 Ajouter le jus d'un citron et quelques zestes à la toute fin de la préparation. L'acidité apportera une belle touche à ce velouté.

GINGEMBRE

Potage rustique au gingembre

30 min

4 t. de bouillon de légumes
1 ½ t. de carottes
en rondelles
1 ½ t. de panais en rondelles

1 cuillère à soupe de
gingembre frais râpé
Beurre (facultatif)
Sel et poivre

PRÉPARATION : Dans une casserole, verser le bouillon de légumes et déposer les carottes et les panais. Laisser mijoter à feu doux jusqu'à la cuisson complète des légumes. Assaisonner et mixer la préparation en incorporant le gingembre frais à la toute fin. Ajouter une noix de beurre, au goût, et remuer. Servir bien chaud.

Les fruits de mer seront les bienvenus dans cette préparation.

GOURGANES

Soupe aux gourganes

35 min

2 t. de gourganes fraîches
nettoyées
4 t. de bouillon de poulet
Huile d'olive

2 échalotes françaises, ciselées
1 t. de petits lardons
¾ t. de vin blanc
Sel et poivre

PRÉPARATION : Dans une casserole, cuire les gourganes dans le bouillon de poulet. À mi-cuisson, retirer la moitié des gourganes et réserver. Dans une grande poêle, verser un filet d'huile d'olive et y faire revenir les échalotes et les lardons. Déglacer avec le vin blanc. Ajouter les gourganes mises de côté, assaisonner et réserver. Mixer les premières gourganes dans leur bouillon, puis incorporer à cette préparation la poêlée de gourganes aux petits lardons. Bien remuer et laisser mijoter à feu doux de 10 à 15 minutes. Servir bien chaud.

 Agrémenter la soupe d'un filet d'huile d'olive ou d'une noix de beurre et ne pas hésiter à y incorporer quelques restants de porc.

HARICOTS VERTS

Potage tomaté aux haricots verts

30 min

2 gousses d'ail, hachées
2 t. de haricots verts
Huile d'olive
1 cuillère à thé de pâte
    de tomates

1 ½ t. de tomates pelées
    et concassées
4 t. de bouillon de légumes
Sel et poivre

PRÉPARATION : Dans une casserole, faire revenir l'ail et les haricots verts dans un filet d'huile d'olive. Assaisonner. À mi-cuisson, ajouter la pâte de tomate et les tomates. Bien remuer et verser le bouillon de légumes sur le tout. Laisser mijoter de 15 à 20 minutes. Mixer et conserver au chaud jusqu'au moment de servir.

 Une poêlée de lardons en persillade sera parfaite en accompagnement.

HARISSA

Consommé à la harissa

30 min

1 t. de pommes de terre
    en petits cubes
2 t. de bouillon de poulet
1 ½ t. de lentilles cuites
1 ½ t. de pois chiches cuits

2 t. de tomates concassées
    et pelées
1 cuillère à soupe de harissa
2 cuillères à soupe de
    coriandre hachée
Sel et poivre

PRÉPARATION : Dans une grande casserole, cuire les pommes de terre dans le bouillon de poulet. Ajouter les lentilles, les pois chiches, les tomates et la harissa, puis bien remuer. Assaisonner. Incorporer la coriandre. Laisser mijoter à feu doux environ 20 minutes et servir bien chaud.

Ce consommé est délicieux avec de la semoule ou du couscous israélien.

HOMARD

Bisque de homard

1 homard entier
⅔ t. d'oignon émincé
½ t. de carottes
   en rondelles
Huile d'olive
1 cuillère à soupe
   de pâte de tomate
⅓ t. de cognac

1 gousse d'ail, hachée
1 ½ t. de vin blanc
1 ½ t. de tomates pelées
   et concassées
4 t. de crème à cuisson 15 %
Sel et poivre

40 min

PRÉPARATION : À l'aide d'un gros couteau, casser le homard en morceaux. En retirer la chair et la réserver. Dans une grande casserole, faire revenir l'oignon et les carottes dans un filet d'huile d'olive jusqu'à coloration. Ajouter la carcasse du homard et caraméliser. Ajouter la pâte de tomate et bien remuer. Flamber avec le cognac. Ajouter l'ail et le vin blanc. Laisser mijoter 20 minutes à feu doux. Incorporer les tomates et assaisonner, puis ajouter la crème. Laisser mijoter 10 minutes et mixer la préparation. Filtrer à l'aide d'une passoire et conserver au chaud jusqu'au moment de servir.

 Saisir rapidement la chair du homard et en ajouter quelques morceaux dans la bisque. Ajouter aussi quelques gouttes d'huile de truffe et une cuillère de crème fouettée pour être tout près du paradis.

JAMBON

Soupe campagnarde au jambon

2 échalotes françaises,
   ciselées
Huile d'olive
1 t. de champignons
   de Paris émincés
1 blanc de poireau émincé

1 ½ t. de pomme de terre en dés
4 t. de bouillon de légumes
2 cuillères à soupe de beurre
1 ½ t. de jambon blanc en dés
Sel et poivre

40 min

PRÉPARATION : Dans une casserole, faire revenir les échalotes dans un filet d'huile d'olive, puis ajouter les champignons et le poireau. À coloration, ajouter les pommes de terre, assaisonner et bien remuer. Verser le bouillon de légumes et laisser mijoter de 20 à 25 minutes, jusqu'à ce que les légumes soient complètement cuits. Mixer la préparation en y incorporant le beurre. Conserver au chaud. Au moment de servir, mettre les dés de jambon dans la préparation.

Confectionner quelques gros et croustillants croûtons de pain frottés à l'ail pour accompagner cette soupe.

Velouté au jambon

1 ½ t. de pommes de terre en cubes
1 ½ t. de blancs de poireau
4 t. de bouillon de légumes

¼ t. de beurre
1 t. de jambon blanc en dés
Sel et poivre

 35 min

PRÉPARATION : Dans une grande casserole, cuire à feu doux les pommes de terre et le poireau dans le bouillon de légumes. Assaisonner et mixer la préparation en y incorporant le beurre. Servir chaud dans une assiette creuse et parsemer le velouté de dés de jambon blanc.

 Avec quelques croûtons dorés, c'est parfait.

KIWI

Soupe verte au kiwi

2 t. de kiwis pelés en cubes
½ t. de céleri émincé
1 ½ t. de pommes vertes en cubes

Jus de 1 lime
Glaçons

 15 min

PRÉPARATION : Dans un mélangeur, déposer les kiwis, le céleri, les pommes vertes et le jus de lime. Mixer avec quelques glaçons et garder au froid jusqu'au moment de servir.

 Parfait petit gaspacho glacé estival, surtout agrémenté de quelques crevettes.

LAIT DE COCO

Crème de lait de coco au chocolat blanc

1 t. de chocolat blanc
1 ½ t. de lait

2 t. de lait de coco léger
1 cuillère à soupe d'extrait de vanille

 20 min

PRÉPARATION : Dans une casserole, faire fondre le chocolat blanc dans le lait en remuant continuellement. Ajouter le lait de coco et la vanille. Laisser mijoter 10 minutes à feu doux. Servir la préparation dans des tasses à café.

 Ajouter à la surface quelques rondelles de banane, des brisures de chocolat noir et de la noix de coco râpée pour faire de cette soupe un pur délice.

LAITUE BOSTON

Velouté de laitue Boston

30 min

2 t. de pommes de terre en dés	1 laitue Boston, émincée
⅓ t. de beurre	4 t. de bouillon de légumes
1 gousse d'ail, hachée	Sel et poivre
1 pincée de piment de Cayenne	

PRÉPARATION : Dans une casserole, faire revenir les pommes de terre dans une noix de beurre. Ajouter l'ail, le piment de Cayenne et la laitue Boston, puis bien remuer. Assaisonner. Verser le bouillon de légumes et laisser mijoter 15 minutes à feu doux. Mixer avec le reste du beurre. Servir bien chaud.

 Délicieuse agrémentée de lamelles de poitrine de poulet.

LAITUE ROMAINE

Crème de romaine façon césar

35 min

1 t. de bacon fumé	3 cuillères à soupe d'anchois hachés
6 gousses d'ail, hachées	1 ½ t. de crème à cuisson 35 %
1 laitue romaine, émincée	1 t. de parmesan râpé
4 t. de bouillon de poulet	Sel et poivre

PRÉPARATION : Faire revenir le bacon fumé avec l'ail sans autre matière grasse, puis ajouter la laitue, le bouillon de poulet, les anchois et la crème. Laisser mijoter 10 minutes. Mixer en incorporant le parmesan râpé à la dernière minute. Rectifier l'assaisonnement au besoin. Conserver au chaud.

 Il ne manque que de très gros morceaux de croûtons dorés pour avoir un résultat parfait.

LÉGUMES

Bouillon de légumes

1 t. de poireaux émincés
1 t. de carottes en rondelles
1 t. de céleri émincé
1 oignon, haché

2 gousses d'ail, hachées
1 feuille de laurier
6 t. d'eau
Sel et poivre

30 min

PRÉPARATION : Dans une grande casserole, déposer tous les ingrédients et assaisonner. Cuire à feu doux environ 30 minutes ou jusqu'à ce que les légumes soient complètement cuits. Laisser refroidir à température ambiante et filtrer le bouillon.

 Ce bouillon de légumes peut servir de base à la préparation de nombreux potages et soupes.

LÉGUMES GRILLÉS

Gaspacho de légumes grillés

3 tomates, coupées en deux
3 courgettes, coupées en deux
½ oignon
2 poivrons rouges, coupés
   en deux
1 poivron vert, coupé en deux

½ t. de feuilles de basilic
1 concombre, pelé
Jus de 1 citron
¼ t. de vinaigre de vin
Quelques gouttes
   de Tabasco

30 min

PRÉPARATION : Au barbecue, cuire les tomates, les courgettes, l'oignon et les poivrons. Déposer les légumes grillés et le basilic dans un bol à mélanger et mixer jusqu'à l'obtention d'une texture lisse. Ajouter le concombre et mixer de nouveau. Terminer avec le jus de citron, le vinaigre de vin et quelques gouttes de Tabasco. Laisser reposer 1 à 2 heures au frais avant de servir bien glacé.

 Délicieux avec quelques branches de céleri frais, toujours agréables et rafraîchissantes.

LÉGUMINEUSES

Minestrone de légumineuses au pistou

40 min

1 branche de céleri, émincée
1 carotte, en rondelles
2 tomates bien mûres, concassées
Huile d'olive
2 cuillères à soupe de pâte de tomate
1 t. de haricots blancs cuits
½ t. de haricots rouges cuits

½ t. de haricots noirs cuits
½ t. de pois chiches cuits
½ t. de lentilles vertes cuites
6 t. de bouillon de légumes
½ t. de feuilles de basilic
3 gousses d'ail, hachées
Parmesan râpé, au goût
Sel et poivre

PRÉPARATION : Dans une grande casserole, faire revenir le céleri, la carotte et les tomates dans un filet d'huile d'olive. Ajouter la pâte de tomate et remuer. Assaisonner. Incorporer les légumineuses et couvrir avec le bouillon de légumes. Laisser mijoter doucement de 35 à 40 minutes. Pendant ce temps, faire le pistou en mixant le basilic et l'ail avec un filet d'huile d'olive. Servir la minestrone bien chaude parsemée de parmesan et arrosée de pistou.

Quelques morceaux de viande confite, du canard par exemple, seraient un ajout très judicieux.

LENTILLES ROUGES

Potage de lentilles rouges au curry

40 min

Huile d'olive
1 oignon, haché
1 t. de carottes en rondelles
1 cuillère à thé de poudre de curry
1 ½ t. de lentilles rouges

4 t. de bouillon de poulet
5 gousses d'ail, hachées
1 ½ t. de tomates pelées et concassées
Sel et poivre

PRÉPARATION : Dans une casserole, verser un filet d'huile d'olive et faire revenir l'oignon et les carottes jusqu'à coloration. Assaisonner. Ajouter le curry, les lentilles, les tomates et le bouillon de poulet. Laisser mijoter 30 minutes à feu moyen. Compléter avec l'ail et mixer la préparation. Rectifier l'assaisonnement et ajouter du curry au besoin. Servir bien chaud.

Quelques petits cubes de poulet et des croûtons seront bienvenus avec cette soupe.

LENTILLES VERTES

Soupe aux lentilles vertes

1 ½ t. de lentilles vertes
4 gousses d'ail, finement hachées
1 oignon, haché
2 feuilles de laurier

4 t. de bouillon de légumes
1 pincée de thym frais
Huile d'olive
¼ t. de beurre
Sel et poivre

40 min

PRÉPARATION : Dans une casserole, déposer les lentilles vertes, l'ail, l'oignon et le laurier. Verser le bouillon de légumes et laisser mijoter à feu doux environ 30 minutes, ou jusqu'à ce que les lentilles soient cuites. Retirer les feuilles de laurier et ajouter le thym et un filet d'huile d'olive. Assaisonner. Incorporer le beurre et mixer la préparation. Conserver au chaud jusqu'au moment de servir.

 Dans chaque assiette, déposer un œuf poché et quelques petits lardons poêlés.

MÂCHE

Velouté parmentier aux feuilles de mâche

1 ½ t. de pommes de terre en cubes
4 t. de bouillon de poulet
2 gousses d'ail, hachées
¼ t. de beurre

1 t. de gruyère râpé
2 t. de feuilles de mâche
Huile d'olive
Sel et poivre

35 min

PRÉPARATION : Dans une casserole, cuire les pommes de terre dans le bouillon de poulet. Ajouter l'ail et laisser mijoter environ 25 minutes, ou jusqu'à ce que les légumes soient cuits. Incorporer le beurre et le gruyère, assaisonner et mixer jusqu'à ce que la préparation soit lisse. Servir bien chaud dans des assiettes creuses et recouvrir toute la surface du velouté avec des feuilles de mâche. Arroser le tout d'un joli filet d'huile d'olive.

 Encore plus surprenant avec des éclats de noix de Grenoble et un trait de vinaigre balsamique.

MAÏS

Crème de maïs à la coriandre

25 min

3 échalotes françaises,
   ciselées
Huile d'olive
3 t. de maïs
1 cuillère à soupe de
   coriandre hachée

4 t. de bouillon de poulet
2 cuillères à soupe de beurre
1 t. de crème à cuisson 35 %
Sel et poivre

PRÉPARATION : Dans une casserole, faire revenir les échalotes dans un filet d'huile d'olive. Ajouter le maïs et assaisonner. Ajouter la coriandre et le bouillon de poulet. Laisser mijoter à feu doux de 10 à 15 minutes. Incorporer le beurre et la crème. Laisser réduire 10 minutes à feu moyen, puis mixer. Rectifier l'assaisonnement au besoin. Servir bien chaud.

Avec des morceaux de poulet rôti, c'est extra.

Potage de maïs au paprika et à la lime

25 min

1 oignon, haché
Huile d'olive
1 cuillère à thé de paprika
2 gousses d'ail, hachées
2 t. de maïs
1 cuillère à soupe de coriandre
   fraîche hachée

1 t. de vin blanc
4 t. de bouillon de légumes
1 t. de crème à cuisson 15 %
Jus et zeste de 2 limes
Sel et poivre

PRÉPARATION : Dans une casserole, faire revenir l'oignon dans un filet d'huile d'olive. Ajouter le paprika et l'ail, puis le maïs et la coriandre. Assaisonner et déglacer au vin blanc. Verser le bouillon de légumes et laisser mijoter 15 minutes à feu doux. Mixer, puis ajouter la crème. Laisser réduire 10 minutes à feu doux. Au moment de servir, compléter avec le jus et le zeste des limes. Bien remuer et rectifier l'assaisonnement au besoin. Servir bien chaud.

Déposer un petit bouquet de crevettes décortiquées ou même un petit filet de poisson blanc sur la soupe.

x

MELON

Gaspacho de melon au porto

10 min

4 t. de cantaloup en cubes
½ t. de porto
¼ t. de sucre

PRÉPARATION : Mixer énergiquement tous les ingrédients au mélangeur. Placer la préparation au frais jusqu'au moment de servir.

 Avec quelques fines tranches de prosciutto, l'accord sera parfait.

MENTHE

Soupe glacée à la menthe

15 min

¾ t. de feuilles de menthe
   fraîches
2 t. de concombre anglais pelé
1 ½ t. de melon d'eau
   en cubes
1 t. de melon miel en cubes

Jus de 1 citron
Glaçons
3 cuillères à soupe
   de vinaigre de xérès
Sel et poivre

PRÉPARATION : Hacher finement la menthe et la déposer dans un mélangeur avec le concombre, les cubes de melon et le jus de citron. Mixer le tout avec quelques glaçons. Assaisonner légèrement et ajouter le vinaigre de xérès. Bien mélanger et conserver au frais jusqu'au moment de servir

 Pour un mariage subtil, ajouter de petits morceaux de chair de langoustine, de homard ou de crabe.

M

MORUE

Soupe méditerranéenne à la morue

3 échalotes françaises,
  émincées
Huile d'olive
1 t. de poivron rouge
  en lanières
1 t. de vin blanc
5 gousses d'ail, hachées

2 t. de tomates concassées
  en conserve
2 t. de bouillon de légumes
½ t. de feuilles de basilic
1 t. de morue en cubes
Sel et poivre

40 min

PRÉPARATION : Dans une casserole, faire revenir les échalotes dans un filet d'huile d'olive. Ajouter le poivron. À coloration, déglacer avec le vin blanc. Ajouter l'ail et les tomates, puis le bouillon de légumes et le basilic. Assaisonner. Laisser mijoter à feu doux environ 30 minutes. Poêler les morceaux de morue dans un filet d'huile d'olive et les incorporer au centre de chaque assiette.

Cette soupe pourra être complétée avec des dés de pommes de terre et quelques haricots blancs pour un repas plus substantiel.

MOULES

Soupe de moules au curry

1 oignon, haché
4 gousses d'ail, hachées
Huile d'olive
2 t. de moules fraîches
1 t. de vin blanc
1 t. de blancs de poireau
  émincés

1 t. de pommes de terre
  en cubes
1 cuillère à soupe de poudre
  de curry
3 t. de bouillon de légumes
2 t. de crème à cuisson 15 %
Sel et poivre

40 min

PRÉPARATION : Dans une grande casserole, faire revenir l'oignon et l'ail dans un filet d'huile d'olive. Y déposer les moules et les arroser de vin blanc. Fermer le couvercle et cuire jusqu'à l'ouverture des coquilles. Retirer les moules et les décortiquer. Réserver. Dans la casserole de cuisson, ajouter le poireau et les pommes de terre. Assaisonner et ajouter le curry. Verser le bouillon de légumes. Cuire à feu doux. Mixer la préparation et terminer avec la crème. Laisser réduire la soupe environ 10 minutes à feu doux. Servir dans une assiette creuse en ajoutant quelques moules décortiquées.

Avec un léger filet de crème sure et une belle pincée de persil haché, cette soupe sera des plus succulentes.

NAVET

Crème de navet aux arachides

35 min

4 t. de bouillon de légumes
1 t. de pommes de terre en cubes
2 t. de navet en cubes
½ cuillère à thé de piment de Cayenne

⅓ t. de beurre d'arachides
1 ½ t. de lait
⅓ t. d'arachides torréfiées et salées
Sel et poivre

PRÉPARATION : Dans une casserole, mettre le bouillon de légumes, les pommes de terre et le navet. Ajouter le piment de Cayenne et cuire à feu doux 25 minutes ou jusqu'à la cuisson complète des légumes. Ajouter le beurre d'arachides et le lait. Assaisonner. Mixer et servir bien chaud dans une assiette creuse. Parsemer la soupe d'arachides torréfiées et salées.

Parfait avec quelques feuilles de coriandre hachées et quelques crevettes décortiquées.

Potage de navets aux oignons caramélisés

45 min

3 oignons, émincés
Huile d'olive
3 cuillères à soupe de beurre
4 t. de bouillon de poulet
1 ½ t. de pommes de terre en cubes

2 t. de navet en cubes
1 t. de lait
½ t. de fond brun
Sel et poivre

PRÉPARATION : Dans une casserole, caraméliser les oignons dans un filet d'huile d'olive et une cuillère à soupe de beurre. Les retirer de la casserole et réserver. Dans une autre casserole, mettre le bouillon de poulet, les pommes de terre et le navet. Cuire à feu doux 30 minutes ou jusqu'à la cuisson complète des légumes. Mixer et assaisonner. Ajouter le lait, le fond brun et le beurre restant. Laisser mijoter lentement de 10 à 15 minutes. Rectifier l'assaisonnement au besoin et conserver au chaud jusqu'au moment de servir.

*Un véritable plaisir agrémenté de quelques cubes de
bœuf simplement saisis à la poêle, le tout parsemé de
petites feuilles croquantes de laitue frisée assaisonnée.*

Velouté de navet à l'érable

1 oignon, haché
Huile d'olive
1 ½ t. de pommes de terre
   en cubes
2 t. de navet en cubes

¼ t. de sirop d'érable
4 t. de bouillon de poulet
1 t. de lait
2 cuillères à soupe de beurre
Sel et poivre

40 min

PRÉPARATION : Dans une grande casserole, faire revenir
l'oignon haché dans un filet d'huile d'olive jusqu'à coloration.
Ajouter les pommes de terre et le navet. Assaisonner et ajouter
le sirop d'érable. Bien remuer. Ajouter le bouillon de poulet et
cuire à feu doux jusqu'à ce que les légumes soient cuits. Mixer
et incorporer le lait et le beurre. Laisser réduire à feu moyen
10 minutes. Rectifier l'assaisonnement au besoin. Servir bien
chaud.

 *Quelques fines tranches de magret de canard ou
de canard fumé seront succulentes avec cette soupe.*

NOIX

Potage aux noix
et aux figues rôties

1 ½ t. de figues sèches
   émincées
1 t. de sucre
⅓ t. de beurre

1 t. de porto
1 t. de noix de Grenoble
2 t. d'eau

25 min

PRÉPARATION : Dans une casserole, mettre les figues, le
sucre et le beurre. Faire revenir à feu doux afin de démarrer
une légère caramélisation. Verser le porto et bien remuer.
Incorporer les noix et verser l'eau. Laisser réduire à feu doux
environ 15 minutes, jusqu'à l'obtention d'une préparation
sirupeuse. Servir chaud.

 *Déposer une boule de crème glacée à la vanille
au centre de chaque assiette au moment de servir.*

ŒUF

Lait de poule forestier

25 min

1 t. de champignons
  de Paris hachés
2 échalotes françaises,
  émincées
Huile d'olive
¼ t. de fond brun

2 t. de lait
Quelques gouttes d'huile
  de truffe
6 jaunes d'œuf
Sel et poivre

PRÉPARATION : Dans une casserole, faire revenir les champignons et les échalotes dans un filet d'huile d'olive. À coloration, ajouter le fond brun. Dans une deuxième casserole, porter le lait à ébullition. L'assaisonner et le parfumer de quelques gouttes d'huile de truffe. Retirer la casserole du feu et incorporer les jaunes d'œuf. Avec un fouet, battre énergiquement pour faire mousser. Dans une tasse, déposer une petite portion de préparation aux champignons et arroser le tout de lait de poule.

Pour un effet séduisant, tailler la coque des œufs au deux tiers, rincer et verser la préparation directement dans les coquilles nettoyées.

OIGNON

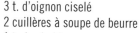

Crème d'oignon au cheddar

30 min

3 t. d'oignon ciselé
2 cuillères à soupe de beurre
1 t. de vin blanc
4 t. de bouillon de poulet

1 t. de crème à cuisson 15 %
1 t. de cheddar râpé
Sel et poivre

PRÉPARATION : Dans une casserole, caraméliser les oignons dans le beurre. Déglacer avec le vin blanc. Ajouter le bouillon de poulet et bien remuer. Laisser mijoter à feu moyen de 15 à 20 minutes. Mixer et ajouter la crème. Assaisonner. Incorporer le cheddar râpé. Remuer avec un fouet pendant quelques minutes avant de servir.

Succulente servie avec quelques tartines au cheddar gratiné.

Soupe à l'oignon traditionnelle

2 t. d'oignon émincé
¼ t. de beurre
Huile d'olive

1 cuillère à soupe de farine
5 t. d'eau
Sel et poivre

 25 min

PRÉPARATION : Caraméliser les oignons dans le beurre et un filet d'huile d'olive. Déposer la farine sur les oignons bien caramélisés. Remuer le tout, puis ajouter l'eau. Assaisonner et laisser mijoter de 10 à 15 minutes. Conserver au chaud.

Pour la soupe à l'oignon gratinée classique, servir dans des ramequins avec quelques croûtons de pain recouverts de gruyère et gratinés au four.

Velouté d'oignons caramélisés

 30 min

3 t. d'oignon ciselé
2 cuillères à soupe de beurre
Huile d'olive

1 t. de fond brun
4 t. de bouillon de poulet
Sel et poivre

PRÉPARATION : Dans une casserole, faire revenir l'oignon dans le beurre et arroser d'un filet d'huile d'olive. Cuire à feu moyen jusqu'à l'obtention d'une très belle caramélisation. Ajouter le fond brun, bien remuer puis terminer avec le bouillon de poulet. Assaisonner. Laisser mijoter de 10 à 15 minutes. Conserver au chaud jusqu'au moment de servir.

Quelques gros croûtons dorés aux fines herbes seront parfaits avec ce velouté.

OLIVES

Soupe aux olives

 35 min

3 échalotes françaises, émincées
Huile d'olive
1 cuillère à thé d'herbes de Provence
½ t. de vin blanc
1 cuillère à soupe de pâte de tomate

2 t. de tomates pelées et concassées
2 t. de bouillon de légumes
1 ½ t. d'olives vertes dénoyautées
Sel et poivre

PRÉPARATION : Dans une casserole, caraméliser les échalotes dans un filet d'huile d'olive. Ajouter les herbes de Provence, puis déglacer au vin blanc. Ajouter la pâte de tomate et assaisonner. Bien remuer. Incorporer les tomates et verser le bouillon de légumes. Laisser mijoter de 15 à 20 minutes et terminer avec les olives vertes préalablement coupées en rondelles ou simplement divisées en deux. Rectifier l'assaisonnement au besoin et servir bien chaud.

Confectionner quelques petites billes de viande hachée aux fines herbes, les cuire et les déposer dans la soupe au moment de servir.

ORGE

Potage à l'orge provençal

35 min

1 t. d'orge mondé
3 t. de bouillon de poulet
2 t. de tomates en conserve
   pelées et concassées

1 t. de haricots blancs cuits
½ t. de pesto
¾ t. de parmesan râpé
Sel et poivre

PRÉPARATION : Dans une grande casserole, cuire l'ogre à feux doux dans le bouillon de poulet. Ajouter les tomates et les haricots. Assaisonner. Terminer avec le pesto et le parmesan. Bien mélanger et servir chaud.

Parsemer le potage de quelques feuilles de basilic frais.

ORTIE

Potage aux orties

35 min

1 oignon, émincé
Huile d'olive
1 ½ t. de pommes de terre
   en cubes
3 t. de bouillon de poulet

1 ½ t. d'orties
1 t. de crème à cuisson 15 %
2 cuillères à soupe de beurre
Sel et poivre

PRÉPARATION : Dans une casserole, faire revenir l'oignon dans un filet d'huile d'olive. Ajouter les pommes de terre et le bouillon de poulet. Laisser mijoter 20 minutes ou jusqu'à ce que les pommes de terre soient cuites. Ajouter les orties et la crème. Assaisonner. Cuire de 5 à 10 minutes à feu doux. Incorporer le beurre et mixer. Servir bien chaud.

Avec une belle cuillère de crème sure, de la ciboulette ciselée et des crevettes décortiquées, ce potage devient très gourmand.

PAK-CHOÏ

Consommé thaï aux pak-choïs

4 t. de bouillon de poulet
1 petit bâton de citronnelle
2 t. de pak-choïs
2 gousses d'ail, hachées
1 cuillère à soupe de coriandre hachée
1 t. de carottes râpées
2 cuillères à soupe de vinaigre de riz

1 cuillère à soupe de sauce soya
Jus de 1 lime
2 cuillères à soupe de basilic thaï
¼ t. de noix de cajou
Sel et poivre

40 min

PRÉPARATION : Verser le bouillon de poulet dans une grande casserole avec la citronnelle et les pak-choïs. Ajouter l'ail, la coriandre, les carottes, le vinaigre de riz et la sauce soya. Cuire à feu doux de 25 à 30 minutes. Assaisonner et ajouter le jus de lime. Une fois les légumes cuits, ajouter le basilic thaï et les noix de cajou. Servir le consommé bien chaud.

 Pour une soupe-repas, ne pas hésiter à y incorporer des cubes de porc, des vermicelles, des crevettes ou du tofu.

PANAIS

Crème de panais aux moules

½ oignon, émincé
Huile d'olive
2 t. de moules fraîches
1 t. de vin blanc
1 ½ t. de panais pelés en rondelles

2 t. de bouillon de légumes
3 gousses d'ail, hachées
1 t. de crème à cuisson 15 %
Sel et poivre

40 min

PRÉPARATION : Dans une grande casserole, faire revenir l'oignon dans un filet d'huile d'olive sans coloration. Ajouter les moules et le vin blanc. Couvrir. Une fois les moules cuites, les retirer de leur coquille et réserver. Dans la casserole, ajouter le panais et le bouillon de légumes au jus de cuisson. Incorporer ensuite l'ail et la crème. Assaisonner. Laisser mijoter à feu doux de 25 à 30 minutes. Mixer la préparation, puis y ajouter les moules sans leurs coquilles.

Monter une petite crème fouettée assaisonnée, l'agrémenter d'aneth haché et en déposer sur la soupe au moment de servir. C'est délicieux.

Potage au panais et aux légumes racines

3 t. de bouillon de légumes
1 ½ t. de panais pelés
  en rondelles
1 t. de pommes de terre
  en cubes
1 t. de céleri-rave en cubes

1 t. de crème à cuisson 15 %
1 pincée de piment
  de Cayenne
Sel et poivre

40 min

PRÉPARATION : Dans une grande casserole, verser le bouillon de légumes. Ajouter le panais, les pommes de terre et le céleri-rave. Faire mijoter à feu doux environ 30 minutes, ou jusqu'à la cuisson complète des légumes. Mixer et ajouter la crème. Assaisonner, bien remuer et laisser réduire 10 minutes à feu doux. Servir bien chaud.

Pour une explosion de saveurs, ajouter un léger filet d'huile de truffe blanche à la surface de ce potage. Un délice.

Velouté de panais

2 t. de panais pelés
  en rondelles
1 t. de pommes de terre
  en cubes

3 t. de bouillon de légumes
1 t. de crème à cuisson 15 %
Sel et poivre

35 min

PRÉPARATION : Dans une grande casserole, cuire le panais et les pommes de terre dans le bouillon de légumes. Laisser mijoter à feu doux environ 25 minutes. Assaisonner. Ajouter la crème et mixer. Laisser réduire 10 minutes et rectifier l'assaisonnement avant de servir bien chaud.

Avec quelques pétoncles poêlés et un trait de sirop d'érable versé sur le velouté, ce sera succulent.

PASTÈQUE

Soupe glacée à la pastèque

6 t. de melon d'eau en cubes
3 t. de fraises nettoyées
    et coupées
Jus de 1 citron

½ t. de sucre
4 feuilles de menthe fraîche
Glaçons

15 min

PRÉPARATION : Dans un mélangeur, déposer tous les ingrédients. Incorporer quelques glaçons et mixer. Conserver au frais jusqu'au moment de servir.

Quelques cubes de pomme verte déposés sur la soupe ajouteront un peu de croquant. C'est irrésistible servi avec une cuillère de miel.

PATATE DOUCE

Potage de patates douces des Caraïbes

1 t. d'ananas en cubes
Quelques gouttes de rhum
    blanc
2 t. de patates douces
    en cubes
4 t. de bouillon de légumes

1 cuillère à thé de piment
    de Cayenne
¼ t. de beurre
1 t. de noix de coco râpée
Jus et zeste de 1 lime
Sel et poivre

35 min

PRÉPARATION : Parfumer l'ananas de quelques gouttes de rhum blanc et réserver au frais. Dans une casserole, cuire les patates douces dans le bouillon de légumes environ 25 minutes à feu doux. Mixer la préparation, ajouter le piment de Cayenne et assaisonner. Incorporer le beurre, la noix de coco et le jus de lime. Bien mélanger. Réduire 5 minutes et incorporer le zeste de la lime. Incorporer l'ananas macéré au rhum et bien mélanger. Servir bien chaud.

Confectionner des crevettes panées à la noix de coco et les déposer sur le potage une fois servi. Du soleil dans l'assiette garanti !

P

PATISSON

20 min

Crème froide aux pâtissons

2 t. de pâtissons coupés
   en deux
2 t. de bouillon de légumes
1 t. de lait

1 t. de crème 15 %
¼ t. de beurre
Sel et poivre

PRÉPARATION : Dans une grande casserole, cuire les pâtissons dans le bouillon de légumes et le lait. Une fois qu'ils sont cuits, ajouter la crème et le beurre. Assaisonner et mixer. Réserver au frais jusqu'au moment de servir.

faire une petite poêlée de champignons sauvages et en déposer à la surface de cette préparation. Le contraste du chaud et du froid sera renversant.

PERSIL

40 min

Crème de persil aux escargots

3 échalotes françaises, ciselées
Huile d'olive
½ t. de vin blanc
1 ½ t. de pommes de terre
   en cubes
4 t. de bouillon de légumes

2 t. de persil frais
10 gousses d'ail, hachées
¼ t. de beurre
1 t. d'escargots cuits
   et nettoyés
Sel et poivre

PRÉPARATION : Dans une casserole, faire revenir les échalotes dans un filet d'huile d'olive. Déglacer avec le vin blanc. Ajouter les pommes de terre et le bouillon de légumes. Cuire à feu doux environ 30 minutes. Une fois que les pommes de terre sont cuites, ajouter le persil et l'ail. Assaisonner. Mixer le tout avec le beurre. Cuire à feu doux 10 minutes. Rectifier l'assaisonnement au besoin et ajouter les escargots seulement quelques minutes avant de servir.

Ajouter quelques beaux croûtons frottés à l'ail et dorés à l'huile d'olive ainsi qu'un trait de crème.

8 6
· · · · ·

PETITS POIS

Potage de petits pois aux champignons

1 oignon, haché
Huile d'olive
4 t. de bouillon de légumes
3 t. de petits pois
Quelques gouttes de Tabasco

1 cuillère à thé de thym frais
1 ½ t. de girolles fraîches
3 cuillères à soupe de beurre
Huile de truffe
Sel et poivre

40 min

PRÉPARATION : Dans une casserole, faire revenir l'oignon dans un filet d'huile d'olive. Ajouter le bouillon de légumes et les petits pois, puis laisser mijoter de 15 à 20 minutes. Assaisonner. Ajouter quelques gouttes de Tabasco et le thym. Réduire 10 minutes à feu doux. Dans une poêle, faire revenir les girolles dans un filet d'huile d'olive. Réserver. Mettre le beurre dans le potage et mixer. Rectifier l'assaisonnement au besoin. Verser le potage dans une assiette et ajouter quelques champignons. Arroser de quelques fines gouttes d'huile de truffe.

 Pour un pur délice, compléter avec une poêlée de petits pétoncles.

Soupe de petits pois aux lardons

1 oignon, haché
Huile d'olive
⅓ t. de vin blanc
1 t. de pommes de terre en cubes
4 t. de bouillon de poulet
3 gousses d'ail, hachées

2 t. de petits pois
1 pincée de piment de Cayenne
2 cuillères à soupe de beurre
1 t. de lardons
Sel et poivre

35 min

PRÉPARATION : Dans une casserole, faire revenir l'oignon dans un filet d'huile d'olive. À coloration, ajouter le vin blanc, les pommes de terre et le bouillon de poulet. Une fois les pommes de terre cuites, ajouter l'ail et les petits pois. Assaisonner et mettre le piment de Cayenne. Laisser mijoter à feu doux et ajouter le beurre, puis mixer. Dans une poêle, colorer les lardons sans ajout de matière grasse. Les incorporer à la soupe. Bien remuer et servir chaud.

 Avec un œuf poché, c'est délicieux.

P

Potage de pétoncles

40 min

2 t. de céleri-rave en cubes	⅓ t. de beurre
4 t. de lait	1 ½ t. de petits pétoncles
2 pommes vertes épépinées, en quartiers	Sel et poivre

PRÉPARATION : Dans une grande casserole, cuire le céleri-rave à feu doux dans le lait. Assaisonner. Ajouter les pommes et le beurre, puis mixer jusqu'à l'obtention d'un résultat bien lisse. Terminer en ajoutant les pétoncles et les cuire délicatement à feu doux de 5 à 10 minutes. Servir chaud.

 Couper quelques fines tranches de pomme verte et les émincer en fines lanières, puis les parsemer sur le potage.

Velouté de poires au lait d'amandes

35 min

2 t. de poires pelées en cubes	½ t. de poudre d'amandes
⅓ t. de beurre	3 t. de lait d'amandes
¼ t. de sucre	

PRÉPARATION : Dans une casserole, colorer les poires dans le beurre. Ajouter le sucre et bien remuer. Incorporer la poudre d'amandes et arroser avec le lait d'amandes. Laisser mijoter à feu doux jusqu'à ce que la poire soit cuite. Mixer et servir chaud.

 faire fondre du chocolat noir et en verser une belle cuillérée sur chacune des portions.

POIREAU

Consommé de poireau aux vermicelles

25 min

2 t. de blancs de poireau émincés
1 t. de vert de poireau émincé
Huile d'olive
4 t. de bouillon de légumes

1 ½ t. de pommes de terre en petits cubes
1 t. de vermicelles
Sel et poivre

PRÉPARATION : Dans une casserole, faire revenir le poireau sans coloration dans un filet d'huile d'olive. Assaisonner. Ajouter le bouillon de légumes et les pommes de terre. Cuire à feu moyen environ 20 minutes, puis ajouter les vermicelles. Rectifier l'assaisonnement.

Excellent consommé pouvant accueillir des fruits de mer. Ne pas hésiter à ajouter une cuillère de pesto dans chacune des assiettes une fois le consommé servi.

Crème de poireau aux noisettes

35 min

3 t. de blancs de poireau en rondelles
Huile d'olive
1 ½ t. de pommes de terre en cubes
3 t. de lait

1 pincée de muscade
¼ t. de beurre
⅓ t. de noisettes concassées et torréfiées
Sel et poivre

PRÉPARATION : Dans une grande casserole, faire revenir le poireau dans un filet d'huile d'olive. Ajouter les pommes de terre, le lait et la muscade. Assaisonner. Cuire à feu moyen environ 20 minutes. Une fois les légumes cuits, incorporer le beurre et mixer afin d'obtenir une crème lisse et homogène. Rectifier l'assaisonnement au besoin. Servir bien chaud avec quelques noisettes concassées et torréfiées.

Avec quelques petits filets de poulet grillé, c'est divin.

P

35 min

Potage de poireau au fromage

3 t. de poireau émincé
1 ½ t. de pommes de terre
en cubes
¼ t. de beurre
½ oignon, haché

1 t. de vin blanc
4 t. de bouillon de poulet
1 ½ t. de gruyère râpé
Sel et poivre

PRÉPARATION : Dans une grande casserole, faire revenir le poireau et les pommes de terre dans le beurre. Ajouter les oignons et assaisonner. Cuire jusqu'à une légère coloration. Déglacer avec le vin blanc. Bien remuer. Verser le bouillon de poulet. Cuire jusqu'à la cuisson complète des légumes. Mixer la préparation en y incorporant le gruyère. Bien remuer et laisser mijoter quelques minutes supplémentaires afin de lier le fromage au potage. Servir bien chaud.

 Un potage idéal et réconfortant servi avec des croûtons et quelques dés de jambon blanc.

POIS CASSÉS

Velouté de pois cassés

40 min

1 t. de blanc de poireau émincé
1 t. d'oignons émincés
1 t. de carottes en rondelles
Huile d'olive
1 t. de céleri émincé

½ t. de lardons fumés
1 ½ t. de pois cassés
4 t. de bouillon de poulet
Sel et poivre

PRÉPARATION : Dans une grande casserole, faire revenir le poireau, l'oignon et les carottes dans un filet d'huile d'olive. À coloration, ajouter le céleri et les lardons. Bien remuer et ajouter les pois cassés. Assaisonner et verser le bouillon de poulet sur le tout. Cuire à feu doux environ 30 minutes, ou jusqu'à la cuisson complète des légumes. Mixer et conserver au chaud.

Ajouter quelques fines tranches de jambon cru, des petits croûtons et un peu de persil haché. Un classique indémodable.

POIS CHICHES

Crème de pois chiches au yogourt

1 t. de bouillon de poulet
2 t. de pois chiches cuits
1 pincée de ras-el-hanout
4 gousses d'ail, hachées
1 t. de yogourt nature

⅓ t. de coriandre hachée
⅓ t. de persil haché
Jus de 1 citron
Sel et poivre

25 min

PRÉPARATION : Dans une casserole, mettre le bouillon de poulet et les pois chiches. Porter à ébullition, ajouter le ras-el-hanout et l'ail puis mixer. Incorporer le yogourt, la coriandre, le persil et le jus de citron, puis assaisonner. Mixer une deuxième fois hors du feu. Conserver au frais jusqu'au moment de servir.

 Parfait servi glacé, le tout accompagné de quelques petites crevettes décortiquées.

Soupe de pois chiches à l'orientale

1 oignon, haché
Huile d'olive
½ cuillère à soupe de harissa
1 cuillère à thé de cumin
1 t. de tomates pelées
   et concassées

2 t. de pois chiches cuits
1 cuillère à soupe de
   coriandre hachée
4 t. de bouillon de poulet
Sel et poivre

35 min

PRÉPARATION : Dans une casserole, faire revenir l'oignon dans un filet d'huile d'olive. À coloration, ajouter la harissa et le cumin, puis les tomates et les pois chiches. Laisser mijoter 10 minutes à feu doux. Assaisonner et ajouter la coriandre. Verser le bouillon de légumes et laisser mijoter 20 minutes. Mixer la préparation et rectifier l'assaisonnement au besoin.

 Avec des cubes de poulet sautés aux épices orientales, ce sera simplement délicieux.

POIS MANGE-TOUT

Potage aux pois mange-tout

35 min

1 ½ t. de pommes de terre en cubes	Huile d'olive
4 t. de bouillon de légumes	2 t. de pois mange-tout
3 échalotes françaises, ciselées	¼ t. de beurre
	Sel et poivre

PRÉPARATION : Dans une casserole, cuire les pommes de terre dans le bouillon de légumes. Dans une poêle, faire revenir les échalotes dans un filet d'huile d'olive. À coloration, ajouter les pois mange-tout. Bien remuer et assaisonner. Incorporer la poêlée de pois mange-tout dans le bouillon. Ajouter le beurre et mixer. Servir chaud.

Ce potage se marie bien avec une combinaison de magret de canard et de crevettes.

POISSON

Soupe de poisson express en pot

40 min

1 t. de pommes de terre en cubes	1 cuillère à soupe de pâte de tomate
2 gousses d'ail, hachées	1 t. de vin blanc
1 t. de bulbe de fenouil en petits morceaux	2 t. de fumet de poisson
1 ½ t. de filet de poisson blanc sans peau	1 cuillère à thé de safran
12 moules fraîches entières, bien lavées	1 ½ t. de tomates fraîches en morceaux
	Sel et poivre

PRÉPARATION : Laver, ouvrir et disposer sur le plan de travail quatre ou six pots de type Masson, selon la taille des pots et les portions souhaitées. Diviser équitablement les cubes de pommes de terre, l'ail et le fenouil et déposer chaque portion au fond d'un pot. Assaisonner. Répéter l'opération avec le poisson et les moules. Dans une casserole, mettre la pâte de tomate, le vin blanc et le fumet de poisson. Porter à ébullition et remuer à l'aide d'un fouet. Ajouter le safran. Remplir les pots avec le bouillon, puis ajouter des tomates dans chacun des pots pour compléter et mettre les couvercles. Cuire 40 minutes dans une cocotte d'eau bouillante ou au bain-marie. Retirer et laisser reposer. Réchauffer au moment de servir uniquement.

Quelques croûtons servis avec un aïoli iront à merveille avec cette soupe.

POIVRON JAUNE

Soupe au poivron jaune

1 ½ t. d'oignons émincés
3 t. de poivrons jaunes
   en lanières
Huile d'olive

1 ½ t. de pommes de terre
   en cubes
4 t. de bouillon de légumes
¼ t. de beurre
Sel et poivre

35 min

PRÉPARATION : Dans une grande casserole, faire revenir les oignons et le poivron jaune dans un généreux filet d'huile d'olive jusqu'à coloration. Ajouter les pommes de terre et arroser avec le bouillon de légumes. Cuire jusqu'à ce que les légumes soient bien cuits. Incorporer le beurre et assaisonner. Mixer et conserver au chaud jusqu'au moment de servir.

 Déposer sur la soupe quelques filets de poisson blanc arrosés d'un peu de jus de citron pour un résultat tout simplement parfait.

POIVRON ROUGE

Potage rouge au poivron

6 poivrons rouges
Huile d'olive
2 oignons rouges, émincés
1 cuillère à soupe de pâte
   de tomate
2 t. de tomates pelées
   et concassées

1 pincée de piment
   de Cayenne
Quelques gouttes
   de Tabasco
Sel et poivre

40 min

PRÉPARATION : Couper les poivrons en deux, les vider de leurs pépins, les badigeonner d'huile d'olive et les cuire au four à 180 °C / 350 °F de 25 à 30 minutes. Une fois qu'ils sont cuits, en retirer la peau et réserver. Dans une casserole, faire revenir les oignons dans un filet d'huile d'olive. Ajouter la pâte de tomate et bien remuer, puis ajouter les tomates, le piment de Cayenne et quelques gouttes de Tabasco. Assaisonner. Incorporer les poivrons cuits et mixer. Faire mijoter à feu doux de 20 à 30 minutes. Rectifier l'assaisonnement au besoin et servir chaud.

Ajouter au potage quelques morceaux de merguez cuite.

POIVRON VERT

Gaspacho de poivron vert

25 min

8 poivrons verts
6 concombres anglais,
   coupés en morceaux
1 ½ t. de courgettes
   en rondelles
1 t. de persil haché

½ t. de basilic haché
Huile d'olive
Quelques gouttes
   de vinaigre de vin
Sel et poivre

PRÉPARATION : Couper les poivrons en deux et les vider de leurs pépins. Les déposer dans un mélangeur avec les concombres. Blanchir rapidement les courgettes et les ajouter dans le mélangeur avec le persil, le basilic, un filet d'huile d'olive et quelques gouttes de vinaigre de vin. Assaisonner. Mixer la préparation et conserver le gaspacho au frais jusqu'au moment de servir.

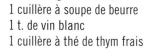 *Excellent servi glacé avec une petite salade de fruits de mer au centre de l'assiette.*

POMME DE TERRE

Crème de pomme de terre au vin blanc

40 min

1 ½ t. d'oignon émincé
1 cuillère à soupe de beurre
1 t. de vin blanc
1 cuillère à thé de thym frais

2 t. de pommes de terre
   en cubes
3 t. de bouillon de légumes
1 t. de crème à cuisson 15 %
Sel et poivre

PRÉPARATION : Dans une casserole, faire revenir l'oignon dans le beurre. Déglacer avec le vin blanc et ajouter le thym. Ajouter les pommes de terre et le bouillon de légumes. Laisser mijoter 30 minutes. Mixer afin d'obtenir un résultat bien lisse. Ajouter la crème et assaisonner. Laisser mijoter 5 à 10 minutes. Servir chaud.

 Une crème réconfortante qui accueillera à merveille des fruits de mer ou un poisson blanc.

Potage parmentier

1 ½ t. de blancs de poireau
  en rondelles
¼ t. de beurre
2 t. de pommes de terre
  en cubes

4 t. de bouillon de poulet
2 jaunes d'œuf
¼ t. de ciboulette ciselée
Sel et poivre

35 min

PRÉPARATION : Dans une casserole, faire revenir le poireau
dans le beurre à feu doux jusqu'à coloration. Ajouter les
pommes de terre et le bouillon de poulet. Cuire jusqu'à ce que
les pommes de terre soient bien cuites. Incorporer les jaunes
d'œuf et mixer. Assaisonner. Parsemer le potage de ciboulette
au moment de servir.

 *Avec un petit steak de viande hachée coupé en petits
morceaux, c'est simple, parfait et délicieux.*

Soupe de pomme
de terre fromagère

2 échalotes françaises,
  ciselées
1 cuillère à soupe de beurre
¼ t. de vin blanc
3 t. de pommes de terre
  en cubes

5 t. de lait
5 gousses d'ail, hachées
2 t. de gruyère râpé
Sel et poivre

40 min

PRÉPARATION : Dans une casserole, faire revenir les échalotes
dans le beurre jusqu'à coloration, puis déglacer avec le vin
blanc. Ajouter les pommes de terre et le lait. Cuire à feu doux
de 25 à 30 minutes. Ajouter l'ail et le gruyère. Assaisonner et
faire mijoter 10 minutes. Rectifier l'assaisonnement au besoin.
Servir bien chaud.

 *L'essayer c'est l'adopter : un classique dont je ne me
lasse jamais, revisité à ma manière.*

POMME DE TERRE BLEUE

Velouté de pomme
de terre bleue

2 t. de pommes de terre bleues
  en cubes
4 t. de bouillon de légumes

1 t. de fromage bleu
¼ t. de beurre
Sel et poivre

30 min

PRÉPARATION : Dans une casserole, cuire les pommes de terre dans le bouillon de légumes, puis ajouter le fromage et le beurre. Mixer afin d'obtenir un velouté bien homogène. Assaisonner. Conserver au chaud jusqu'au moment de servir.

 Avec quelques croûtons et de fines lanières de bœuf poêlées, c'est délicieux.

POMME VERTE

Gaspacho de pomme verte

15 min

3 t. de pommes vertes avec la peau en cubes	2 t. de melon vert en cubes
1 ½ t. de kiwis en cubes	1 ½ t. de yogourt nature
	Jus et zeste de 1 lime

PRÉPARATION : Mettre tous les ingrédients dans un mélangeur et mixer énergiquement. Réserver au frais jusqu'au moment de servir.

 Un gaspacho complètement versatile pouvant être à la fois dégusté en entrée ou en dessert.

POTIRON

Potage de potiron

40 min

2 t. de potiron en cubes	5 t. de bouillon de légumes
1 t. de pommes de terre en cubes	¼ t. de beurre
	Sel et poivre

PRÉPARATION : Dans une grande casserole, cuire le potiron et les pommes de terre dans le bouillon de légumes environ 30 minutes à feu moyen. Lorsque les légumes sont cuits, incorporer le beurre et assaisonner. Mixer et réserver au chaud jusqu'au moment de servir.

 Avec quelques graines de citrouille grillées et salées ainsi qu'avec un léger filet de crème, c'est succulent.

POULET

Bouillon de poulet

50 min

1 poulet entier, en morceaux	1 oignon, haché
Huile d'olive	2 gousses d'ail, hachées
1 t. de poireau émincé	1 feuille de laurier
1 t. de carottes en rondelles	6 t. d'eau
1 t. de céleri émincé	Sel et poivre

PRÉPARATION : Dans une grande casserole, faire revenir les morceaux de poulet dans un filet d'huile d'olive. Ajouter les poireaux, les carottes, le céleri, l'oignon, l'ail et la feuille de laurier. Assaisonner et verser l'eau. Cuire à feu doux environ 50 minutes, ou jusqu'à la cuisson complète des légumes et du poulet. Laisser refroidir à température ambiante et filtrer le bouillon.

Conserver le poulet pour de futures préparations. Ne pas hésiter à congeler ce bouillon, car il sera très souvent utilisé comme base pour des soupes et des potages.

PRUNEAU

Soupe aux pruneaux

30 min

2 t. de pruneaux dénoyautés	3 t. d'eau
½ t. de beurre	½ t. d'amandes entières
1 t. de sucre	grillées
1 t. de porto	

PRÉPARATION : Dans une casserole, à feu doux, faire revenir les pruneaux dans le beurre et le sucre en remuant bien. Déglacer avec le porto, puis ajouter l'eau. Laisser mijoter de 15 à 20 minutes à feu doux, puis mixer. Servir chaud et parsemer la soupe de quelques amandes grillées.

Pour compléter cette soupe-dessert, déposer une boule de crème glacée à la vanille au centre de chaque assiette.

QUINOA

Soupe au quinoa et aux légumes

35 min

2 échalotes françaises, ciselées
1 t. de céleri en petits dés
1 t. de carottes en petits dés
Huile d'olive
2 gousses d'ail, hachées

1 t. de quinoa
5 t. de bouillon de légumes
½ t. de pesto
Sel et poivre

PRÉPARATION : Dans une casserole, faire revenir les échalotes, le céleri et les carottes dans un filet d'huile d'olive jusqu'à une légère coloration. Assaisonner et ajouter l'ail. Bien remuer, puis ajouter le quinoa et le bouillon de légumes. Faire mijoter à feu doux environ 20 minutes. Une fois le quinoa cuit, fermer le feu et incorporer le pesto. Remuer et rectifier l'assaisonnement au besoin. Servir chaud.

Voici une bonne base de soupe riche en protéines végétales pour les végétariens et les végétaliens. On peut aussi y incorporer du tofu ou, pour les carnivores, du blanc de poulet ou des crevettes.

RADIS

Crème froide de radis au chèvre frais

15 min

2 t. de radis sans la queue
    et coupés en deux
1 t. de fromage de chèvre frais
⅓ t. de basilic frais

2 t. de lait
1 pincée de paprika
Sel et poivre

PRÉPARATION : Déposer les radis dans un mélangeur avec le fromage et le basilic. Verser la moitié du lait et mixer. Assaisonner et incorporer le reste du lait. Mixer énergiquement et terminer avec une pincée de paprika. Réserver au frais jusqu'au moment de servir.

Servir dans de petits verres à liqueur et agrémenter de quelques croûtons dorés, voire de pousses de moutarde.

RAIFORT

Crème froide au raifort

15 min

1 ½ t. de pommes vertes en cubes
⅔ t. de raifort râpé
2 t. de yogourt nature

2 cuillères à soupe de ciboulette ciselée
Sel et poivre

PRÉPARATION : Dans un mélangeur, déposer la pomme verte et le raifort, puis mixer. Ajouter le yogourt et assaisonner. Conserver au frais. Juste avant de servir, parsemer la ciboulette sur la crème.

 Délicieux avec quelques cubes de thon frais, de la chair de crabe ou de petites crevettes décortiquées. Le raifort fera également bon ménage avec quelques tranches de magret de canard.

RAPINI

Potage aux rapinis

40 min

2 t. de rapinis en morceaux
3 gousses d'ail, hachées
Huile d'olive
1 ½ t. de pommes de terre en cubes

4 t. de bouillon de poulet
2 t. de crème à cuisson 15 %
¼ t. de beurre
1 t. de gruyère râpé
Sel et poivre

PRÉPARATION : Dans une grande casserole d'eau bouillante salée, pocher les rapinis 10 minutes, puis les égoutter. Ne pas conserver l'eau de cuisson. Dans une deuxième casserole, faire revenir rapidement, à feu vif, les rapinis cuits et l'ail dans un filet d'huile d'olive. Ajouter les pommes de terre et arroser avec le bouillon de poulet. Cuire à feu doux 30 minutes. Assaisonner, puis ajouter la crème et le beurre. Mixer afin d'obtenir un potage homogène. Terminer en ajoutant le gruyère, remuer et rectifier l'assaisonnement au besoin. Conserver au chaud.

Un potage très raffiné dans lequel on peut ajouter quelques morceaux de poisson blanc ou des crustacés.

R

Soupe de rhubarbe aux fruits rouges

35 min

2 t. de rhubarbe pelée
en tronçons
¾ t. de sucre
Jus de 2 citrons

2 t. de fraises fraîches
1 t. de framboises fraîches
1 t. de melon d'eau en cubes

PRÉPARATION : Cuire la rhubarbe dans une casserole d'eau bouillante de 10 à 15 minutes, puis l'égoutter. Dans un mélangeur, mixer la rhubarbe cuite, le sucre et le jus de citron. Incorporer les autres fruits et mixer énergiquement. Conserver au frais jusqu'au moment de servir.

Cette soupe-dessert est aussi délicieuse servie chaude que froide. Déposer une boule de crème glacée au centre de l'assiette et la parsemer de biscuits sablés émiettés. Un pur délice.

RIZ

Soupe de riz au lait

1 t. de riz rond
3 t. de lait
1 bâton de cannelle divisé
en deux

Zeste de 1 orange
1 t. de sucre
1 cuillère à soupe d'extrait
de vanille

40 min

PRÉPARATION : Rincer le riz à grande eau dans une passoire et le cuire 5 minutes à feu vif dans une casserole d'eau bouillante. L'égoutter. Dans une casserole, mettre tous les ingrédients, y compris le riz. Bien remuer et laisser mijoter à feu doux environ 30 minutes, ou jusqu'à ce que le riz soit bien cuit. Retirer les bâtons de cannelle et servir chaud.

Confectionner un petit caramel au beurre à la fleur de sel et en verser une cuillérée dans chacune des assiettes.

R

ROQUETTE

Velouté de roquette à la burrata

1 ½ t. de pommes de terre
en cubes
2 cuillères à soupe de beurre
2 t. de feuilles de roquette
1 ½ de bouillon de légumes

2 t. de crème à cuisson 15 %
1 ½ t. de fromage burrata
⅓ t. de noix de Grenoble
grossièrement concassées
Sel et poivre

35 min

PRÉPARATION : Dans une grande casserole, faire revenir les pommes de terre dans le beurre, puis ajouter la roquette. Arroser avec le bouillon de légumes et laisser mijoter de 10 à 15 minutes. Ajouter la crème et la burrata. Mixer la préparation et assaisonner. Ajouter les noix juste avant de servir.

Quelques morceaux de figues fraîches ou rôties complèteront bien ce velouté, avec une fine tranche de prosciutto.

RUTABAGA

Potage de rutabaga à l'érable

40 min

½ oignon, haché
Huile d'olive
2 t. de rutabaga en cubes
1 ½ t. de pommes de terre
en cubes

⅓ t. de sirop d'érable
5 t. de bouillon de poulet
¼ t. de beurre
Sel et poivre

PRÉPARATION : Dans une casserole, faire revenir l'oignon dans un filet d'huile d'olive. Ajouter le rutabaga et les pommes de terre et faire revenir rapidement. Ajouter le sirop d'érable et caraméliser 5 minutes à feu doux. Bien remuer et assaisonner. Verser le bouillon de poulet et cuire lentement environ 30 minutes, jusqu'à la cuisson complète des légumes. Incorporer le beurre et mixer. Rectifier l'assaisonnement au besoin et servir chaud.

Ce potage très aromatique s'accordera à merveille avec quelques restants de viande braisée.

SALICORNE

Consommé à la salicorne

30 min

4 t. de bouillon de légumes
1 ½ t. de salicorne fraîche
3 gousses d'ail, hachées
1 t. de pommes de terre
en petits cubes
2 échalotes, ciselées

5 cuillères à soupe d'huile
de sésame
1 t. de carottes râpées
1 cuillère à soupe de
coriandre hachée
Zeste de 1 citron
Sel et poivre

PRÉPARATION : Dans une grande casserole, mettre le bouillon de légumes, la salicorne, l'ail, les pommes de terre et les échalotes. Porter à ébullition et cuire à feu doux environ 20 minutes. Assaisonner et ajouter l'huile de sésame, les carottes, la coriandre et le zeste de citron. Conserver au chaud jusqu'au moment de servir.

Quelques fruits de mer et coquillages seront les bienvenus dans ce consommé.

SALSIFIS

Crème de salsifis forestière

40 min

2 t. de salsifis en petits
tronçons
Huile d'olive
1 ½ t. de pommes de terre
en cubes

3 t. de bouillon de légumes
2 t. de crème à cuisson 15 %
2 cuillères à soupe
de persil haché
Sel et poivre

PRÉPARATION : Dans une casserole, faire revenir les salsifis dans un filet d'huile d'olive. À coloration, ajouter les pommes de terre et le bouillon de légumes. Cuire 30 minutes à feu doux jusqu'à la cuisson complète des légumes. Mixer afin d'obtenir un résultat bien lisse. Assaisonner et ajouter la crème. Laisser mijoter à feu moyen environ 10 minutes. Conserver au chaud et parsemer le persil sur la soupe au moment de servir.

Agrémenter cette crème de croûtons dorés et de quelques girolles fraîches poêlées. Pour un grand plat, accompagner le tout de quelques fines tranches de viande séchée et fumée.

SAUCISSE

Soupe à la saucisse

1 ½ t. de saucisses de porc fraîches en rondelles
3 échalotes françaises, émincées
Huile d'olive
1 t. de pommes de terre en petits cubes

2 t. de haricots blancs cuits
3 t. de tomates en conserve pelées et concassées
1 cuillère à soupe de sauce chili
1 t. de bouillon de poulet
Sel et poivre

40 min

PRÉPARATION : Dans une grande casserole, faire revenir la saucisse et les échalotes dans un filet d'huile d'olive. À coloration, ajouter les pommes de terre, les haricots, les tomates et la sauce chili. Assaisonner. Verser le bouillon de poulet. Laisser mijoter à feu doux de 20 à 25 minutes avant de servir bien chaud.

Incorporer une cuillère à soupe de pesto dans chacune des assiettes.

SAUMON FUMÉ

Potage au saumon fumé

2 t. de courgettes en rondelles
1 gousse d'ail, hachée
Huile d'olive
4 t. de bouillon de légumes

¾ t. de feuilles de basilic
½ t. de beurre
1 t. de saumon fumé
Sel et poivre

30 min

PRÉPARATION : Dans une casserole, faire revenir les courgettes et l'ail dans un filet d'huile d'olive. Ajouter le bouillon de légumes. Assaisonner et laisser mijoter jusqu'à cuisson complète des courgettes. Ajouter le basilic et le beurre, puis le saumon fumé. Mixer et servir chaud.

Déposer quelques fines tranches de saumon fumé à la surface du potage et ajouter un filet de crème. C'est divin.

SÉSAME

Velouté aux deux sésames

35 min

1 ½ t. de pommes de terre en cubes
4 t. de bouillon de poulet
1 t. de sauce hoisin
⅓ t. de beurre

5 cuillères à soupe de sésame blanc
5 cuillères à soupe de sésame noir
Huile de sésame
Sel et poivre

PRÉPARATION : Dans une grande casserole, cuire les pommes de terre dans le bouillon de poulet. Laisser mijoter à feu doux environ 25 minutes. Une fois les pommes de terre cuites, incorporer la sauce hoisin et le beurre. Mixer et assaisonner. Servir bien chaud dans une assiette creuse parsemée de sésame blanc et noir et agrémentée d'un léger filet d'huile de sésame.

Pour un résultat épatant, servir avec quelques fines tranches de thon frais à peine saisies.

SIROP D'ÉRABLE

40 min

Soupe paysanne à l'érable

2 t. de courge musquée en morceaux
4 t. de lait
1 t. de crème à cuisson 15 %
2 cuillères à soupe de beurre
4 à 6 œufs frais

Quelques gouttes de vinaigre de vin blanc
¼ t. de sirop d'érable
¼ t. d'amandes rôties en bâtonnets
4 à 6 tranches de pancetta
Sel et poivre

PRÉPARATION : Dans une grande casserole, cuire la courge dans le lait à feu doux. Retirer du feu et mixer jusqu'à l'obtention d'une consistance bien lisse. Ajouter la crème et le beurre. Bien mélanger et assaisonner. Pocher les œufs dans une casserole d'eau bouillante avec quelques gouttes de vinaigre de vin blanc. Une fois les œufs cuits, les badigeonner avec la moitié du sirop d'érable. Dans chacun des bols de service, verser une portion de soupe et déposer un œuf. Ajouter une fine tranche de pancetta et verser un filet de sirop d'érable sur le tout. Parsemer quelques bâtonnets d'amandes rôties sur la soupe.

 Un plat complet auquel on pourrait quand même ajouter du jambon ou des croûtons.

SOYA

Soupe au soya

1 cuillère à soupe de miso
4 t. de bouillon de légumes
½ t. de shiitakes tranchés finement
1 gousse d'ail, hachée

1 ½ t. d'edamames
2 t. de germes de soya frais
3 cuillères à soupe de coriandre hachée
Sel et poivre

20 min

PRÉPARATION : Dans une grande casserole, mélanger le miso et le bouillon de légumes. Ajouter les shiitakes, l'ail, les edamames et les germes de soya. Porter à ébullition et cuire à feu doux de 10 à 15 minutes. Assaisonner et ajouter la coriandre. Conserver au chaud jusqu'au moment de servir.

 Pour une soupe-repas, ajouter des vermicelles de riz et quelques crevettes décortiquées.

THON

Soupe au thon

1 ½ t. de cubes de pommes de terre pelés
2 t. de bouillon de poulet
1 t. de crème à cuisson 15 %
1 ½ t. de thon nature en conserve

1 ½ t. d'œufs durs en morceaux
Jus de 2 citrons
3 cuillères à soupe de ciboulette ciselée
Sel et poivre

35 min

PRÉPARATION : Dans une casserole, cuire les pommes de terre dans le bouillon de poulet. Ajouter la crème et assaisonner. Incorporer le thon, les œufs et le jus de citron, puis mixer. Rectifier l'assaisonnement au besoin et servir la soupe chaude, parsemée de ciboulette.

 Agrémentez la préparation de quelques croûtons dorés.

TOFU

Potage au curry et au tofu

35 min

2 t. de courge musquée en dés
Huile d'olive
½ cuillère à soupe de pâte
    de curry rouge thaïlandais
1 t. de tofu ferme en cubes

2 t. de bouillon de légumes
1 t. de lait de coco
Jus et zeste de 1 lime
2 cuillères à soupe de
    coriandre hachée
Sel et poivre

PRÉPARATION : Dans une grande casserole, faire revenir la courge dans un filet d'huile d'olive. Ajouter la pâte de curry et bien remuer. Ajouter le tofu et le bouillon de légumes, puis laisser mijoter à feu doux jusqu'à cuisson complète de la courge. Ajouter le lait de coco, le jus et le zeste de la lime, puis assaisonner. Servir chaud et saupoudrer de coriandre hachée.

Déposer quelques noix de cajou torréfiées sur la soupe.

TOMATE

Crème de tomates
« avec mon grain de sel »

25 min

½ oignon, finement haché
¾ t. de carottes en rondelles
Huile d'olive
1 t. de tomates fraîches
    en morceaux
2 gousses d'ail, hachées
3 t. de tomates en conserve
    pelées et concassées

2 t. de bouillon de poulet
1 t. de crème à cuisson
    15 %
½ t. de basilic frais haché
Zeste de 1 citron
Sel et poivre

PRÉPARATION : Dans une grande casserole, caraméliser l'oignon et les carottes dans un filet d'huile d'olive. Ajouter les tomates fraîches et l'ail. Assaisonner, puis ajouter les tomates en conserve et remuer. Verser le bouillon de poulet et laisser mijoter à feu doux de 10 à 15 minutes. Compléter avec la crème et rectifier l'assaisonnement. Mixer et cuire 5 minutes. Servir la soupe bien chaude, parsemée d'un peu de basilic et de zeste de citron.

Ce grand classique indémodable réchauffe le cœur comme l'estomac. Accompagné de quelques beaux gros croûtons dorés, c'est parfait.

Gaspacho de tomates aux fines herbes

15 min

❄️

1 ½ t. de concombre anglais pelé en morceaux
2 t. de tomates fraîches bien mûres en morceaux
Huile d'olive
1 échalote française, hachée
1 gousse d'ail, hachée

2 cuillères à soupe d'estragon frais
¼ t. de basilic frais
Quelques gouttes de Tabasco
¼ t. de vinaigre de vin rouge
Sel et poivre

PRÉPARATION : Dans un mélangeur, mixer le concombre et les tomates avec un filet d'huile d'olive. Assaisonner. Incorporer l'échalote, l'ail, l'estragon, le basilic et quelques gouttes de Tabasco, puis arroser le tout de vinaigre de vin rouge. Remixer énergiquement. Rectifier l'assaisonnement au besoin. Conserver au frais et servir bien glacé.

Ajouter quelques croûtons nappés de tapenade et le tour est joué.

TOPINAMBOUR

Potage de topinambour aux marrons

40 min

4 cœurs d'artichaut, coupés en morceaux
Huile d'olive
1 ½ t. de topinambours en morceaux
1 t. de pommes de terre en cubes

4 t. de bouillon de poulet
⅓ t. de beurre
¾ t. de marrons cuits coupés en quatre
Sel et poivre

PRÉPARATION : Dans une grande casserole, faire revenir les cœurs d'artichaut dans un filet d'huile d'olive, puis ajouter les topinambours. Ajouter les pommes de terre et remuer le tout. Assaisonner. Arroser avec le bouillon de poulet. Laisser mijoter environ 30 minutes, ou jusqu'à la cuisson complète des légumes. Ajouter le beurre et mixer. Rectifier l'assaisonnement au besoin. Ajouter les marrons et mélanger. Servir bien chaud.

Avec quelques fines tranches de viande de grison et de petits croûtons, c'est un véritable délice.

TRUFFE

Velouté aux truffes

35 min

1 t. d'échalotes françaises émincées
2 cuillères à soupe de beurre
2 t. de pommes de terre en cubes
4 t. de bouillon de légumes

1 ½ t. de crème à cuisson 15 %
Huile de truffe
1 ou 2 truffes fraîches
Sel et poivre

PRÉPARATION : Dans une grande casserole, faire revenir les échalotes dans le beurre jusqu'à coloration. Ajouter les pommes de terre, bien remuer et assaisonner. Verser le bouillon de légumes et laisser mijoter jusqu'à ce que les pommes de terre soient cuites, soit environ 30 minutes. Ajouter la crème et quelques gouttes d'huile de truffe. Mixer le velouté afin d'obtenir un résultat bien lisse. Rectifier l'assaisonnement au besoin.

Un velouté pour les grandes occasions ! Une fois qu'il est servi dans des assiettes creuses, râper finement la truffe fraîche au-dessus.

VERMICELLES

Consommé de vermicelles

30 min

6 t. de bouillon de poulet
½ t. de carottes en petits cubes
½ t. de blancs de poireau émincés
½ t. de céleri émincé

3 échalotes françaises, ciselées
1 ½ t. de vermicelles
2 cuillères à soupe de coriandre fraîche finement hachée
Sel et poivre

PRÉPARATION : Dans une grande casserole, mettre le bouillon de poulet, les carottes, le poireau, le céleri, les échalotes et les vermicelles, puis assaisonner. Cuire à feu doux. Servir bien chaud, saupoudré de coriandre.

Accompagné de quelques petits rouleaux de printemps vermicelles-crevettes, ce consommé trouvera vite ses lettres de noblesse.

YOGOURT

Soupe de yogourt au kiwi

2 t. de kiwis pelés en morceaux
Jus de 1 citron
½ t. de sucre

2 t. de yogourt nature
1 t. de framboises

10 min

PRÉPARATION : Dans un mélangeur, mixer les kiwis, le jus de citron, le sucre et le yogourt. Réserver au frais pour servir bien glacé. Parsemer la soupe de quelques framboises entières au moment de servir.

 Avec un biscuit sablé au beurre tout juste sorti du four déposé dans chacune des assiettes, c'est irrésistible.

35 pays en
35 soupes

AFGHANISTAN

Chorwa (pot au feu)

40 min

2 t. de jarret de bœuf en cubes	1 ½ t. de pois chiches cuits
Huile d'olive	1 t. de carottes en rondelles
1 oignon, haché	1 t. de pommes de terre
5 gousses d'ail, hachées	en cubes
2 cuillères à soupe de pâte	1 t. de boulgour
de tomate	3 cuillères à thé de curcuma
2 t. de tomates en conserve	8 t. d'eau
pelées et concassées	¾ t. de coriandre hachée
1 t. de haricots rouges cuits	Sel et poivre

PRÉPARATION : Dans une grande casserole, cuire le bœuf dans un filet d'huile d'olive jusqu'à une légère coloration. Assaisonner. Ajouter l'oignon, l'ail et la pâte de tomates, puis remuer. Ajouter les tomates, les haricots rouges, les pois chiches et les carottes, puis les pommes de terre et le boulgour. Parfumer le tout avec le curcuma. Ajouter l'eau et terminer avec la coriandre. Laisser mijoter à feu doux environ 25 minutes. Rectifier l'assaisonnement avant de servir bien chaud.

ALGÉRIE

Chorba (soupe à l'agneau)

45 min

1 ½ t. d'agneau en cubes	1 ½ t. de carottes
Huile d'olive	en rondelles
2 cuillères à soupe de pâte	1 t. de petits pois
de tomates	1 ½ t. d'oignons émincés
2 cuillères à thé de curcuma	1 ½ t. de céleri émincé
1 cuillère à thé de paprika	1 ½ t. de coriandre fraîche
1 cuillère à thé de gingembre	hachée
en poudre	½ t. de persil haché
1 cuillère à thé de	2 t. de tomates en conserve
ras-el-hanout	pelées et concassées
1 cuillère à thé de safran	2 t. de vermicelles
4 t. de bouillon de légumes	Sel et poivre

PRÉPARATION : Dans une grande casserole, faire revenir l'agneau dans un filet d'huile d'olive jusqu'à coloration. Assaisonner. Ajouter la pâte de tomate et bien remuer. Parfumer la viande avec le curcuma, le paprika, le gingembre, le ras-el-hanout et le safran. Bien remuer. Verser le bouillon de légumes, puis ajouter les carottes et les petits pois. Dans un mélangeur, mixer l'oignon, le céleri, la coriandre, le persil et les tomates. Ajouter ce mélange dans la casserole. Terminer avec les vermicelles et laisser mijoter 20 minutes à feu doux. Servir bien chaud.

ALLEMAGNE

Leberknoedel (soupe aux boulettes de foie)

40 min

1 t. de foie de veau en cubes
1 ½ t. de pain de mie
   en morceaux
½ oignon, haché
3 gousses d'ail, hachées
1 cuillère à thé de muscade
2 cuillères à thé de marjolaine
   en poudre
Zeste de 1 citron

4 cuillères à soupe
   de persil haché
2 œufs
½ t. de lait
Farine
2 cuillères à soupe
   de beurre
4 t. de bouillon de bœuf
Sel et poivre

PRÉPARATION : Dans un bol à mélanger, déposer le foie, le pain, l'oignon, l'ail, la muscade, la marjolaine, le zeste de citron, le persil et les œufs. Assaisonner, puis mixer grossièrement. Faire chauffer le lait et l'ajouter à la préparation, puis mélanger. Confectionner de petites boulettes avec cette farce. Si les boulettes sont trop molles, on peut ajouter un peu de farine à la préparation. Dans une poêle bien chaude, cuire les boulettes dans le beurre jusqu'à coloration. Dans une autre casserole, chauffer le bouillon de bœuf. Terminer la cuisson en déposant les boulettes cuites dans le bouillon. Assaisonner. Servir chaud.

BELGIQUE

Waterzooi (soupe au poulet)

35 min

2 t. de poulet en petits cubes
3 cuillères à soupe de beurre
1 oignon, haché
2 t. de poireaux émincés
2 t. de céleri émincé
2 t. de carottes en rondelles
1 feuille de laurier

1 branche de thym frais
4 t. de bouillon de poulet
1 ½ t. de crème à cuisson
   35 %
2 jaunes d'œuf
½ t. de persil haché
Sel et poivre

PRÉPARATION : Dans une grande casserole, faire revenir le poulet dans le beurre. Assaisonner et ajouter l'oignon, le poireau, le céleri et les carottes. Bien mélanger. Ajouter le laurier, le thym et le bouillon de poulet. Laisser mijoter à feu doux jusqu'à ce que le poulet soit cuit, puis retirer la viande et les légumes . Réserver au chaud. À feu vif, porter le bouillon à ébullition. Dans un bol à mélanger, battre énergiquement la crème et les jaunes d'œuf avec un fouet, puis lier le bouillon avec cette préparation. Remettre la viande et les légumes dans le bouillon. Ajouter le persil et laisser mijoter à feu moyen 10 minutes avant de servir bien chaud.

BRÉSIL

Canja (soupe de volaille, riz et coriandre)

35 min

1 t. de petits lardons
2 t. de poulet en cubes
1 t. d'oignons hachés
1 t. de carottes en petits cubes
1 t. de tomates en conserve
    pelées et concassées

6 t. de bouillon de poulet
½ t. de riz
½ t. de coriandre fraîche
    hachée
¼ t. de persil frais haché
Sel et poivre

PRÉPARATION : Dans une grande casserole, faire revenir les lardons sans autre matière grasse. Ajouter le poulet et faire revenir. Incorporer l'oignon et les carottes. Assaisonner. Ajouter la tomate, puis le bouillon de poulet. Terminer avec le riz, la coriandre et le persil. Laisser mijoter à feu doux. Servir bien chaud.

CANADA

Soupe aux pois

55 min

9 t. de bouillon de poulet
3 t. de pois cassés
1 feuille de laurier
½ t. de céleri émincé

1 oignon, haché
1 t. de jambon en cubes
Sel et poivre

PRÉPARATION : Dans une casserole, mettre le bouillon de poulet, les pois, le laurier, le céleri et l'oignon. Assaisonner. Cuire à feu doux. Mixer la préparation. Rectifier l'assaisonnement au besoin et ajouter le jambon. Servir bien chaud.

CHINE

Soupe pékinoise

45 min

2 cuillères à soupe de fécule
    de maïs
4 t. de bouillon de poulet
1 t. de pousses de bambou
    en conserve
¾ t. de shiitakes émincés
¼ t. de vinaigre de riz

1 t. de porc en cubes
Huile de sésame
½ t. de feuilles
    de coriandre
2 œufs
Sel et poivre

PRÉPARATION : Dans une petite tasse, bien délayer la fécule de maïs dans un peu de bouillon de poulet et réserver. Dans une grande casserole, mettre le bouillon de poulet, les pousses de bambou, les shiitakes, le vinaigre de riz et le porc. Ajouter un filet d'huile de sésame et la coriandre. Assaisonner. Laisser mijoter à feu doux jusqu'à ce que la viande soit cuite. Dans un petit bol, battre les œufs. Verser la fécule délayée et les œufs battus dans la préparation. Remuer délicatement avec une cuillère. Servir chaud.

CUBA

Sopa de frijoles negros (soupe aux fèves noires)

55 min

3 t. de fèves noires
1 oignon, haché
1 ½ t. de poivrons jaunes
    en lanières
3 gousses d'ail, hachées
Huile d'olive
2 feuilles de laurier
1 t. de vin blanc

4 t. de bouillon de poulet
1 cuillère à soupe de cumin
1 pincée de thym frais
2 t. de tomates en conserve
    pelées et concassées
½ t. de coriandre hachée
Sel et poivre

PRÉPARATION : Rincer les fèves noires à grande eau et les cuire dans une casserole d'eau bouillante jusqu'à mi-cuisson. Les égoutter. Dans une casserole, faire revenir l'oignon, les poivrons et l'ail à feu doux dans un filet d'huile d'olive jusqu'à coloration. Ajouter les fèves noires, le laurier, le bouillon de poulet et le vin blanc. Assaisonner. Ajouter le cumin, le thym, les tomates et la coriandre. Cuire à feu doux. Retirer les feuilles de laurier et mixer la préparation. Rectifier l'assaisonnement avant de servir bien chaud.

DANEMARK

Ollebrod (soupe à la bière)

1 ½ t. de pain noir en cubes
1 ½ t. de pain de seigle
   en cubes
1 ½ t. de bière noire
1 ½ t. de bière brune

1 t. d'eau
Jus et zeste de 2 citrons
1 t. de crème 35 %
½ t. de sucre

20 min

PRÉPARATION : Dans un bol à mélanger, mettre les cubes de pain, la bière, l'eau et le jus de citron. Laisser reposer au minimum 3 heures. Ensuite, cuire à feu doux 20 minutes et mixer. Ajouter le zeste de citron. Fouetter la crème avec le sucre. Servir cette soupe-dessert dans une assiette creuse avec, au centre, une cuillérée de crème fouettée.

ESPAGNE

Gaspacho andalou

4 t. de tomates fraîches bien
   mûres coupées en gros
   morceaux
2 poivrons rouges, en lanières
1 oignon, haché
4 gousses d'ail, hachées
1 ½ t. de concombre
   anglais pelé

2 tranches de pain blanc
1 cuillère à soupe de pâte
   de tomate
¼ t. d'huile d'olive
¼ t. de vinaigre de xérès
Quelques gouttes
   de Tabasco
Sel et poivre

20 min

PRÉPARATION : Dans un grand bol à mélanger, déposer tous les ingrédients, puis assaisonner. Bien mélanger et laisser reposer au frais de 4 à 5 heures avant de mixer. Conserver le gaspacho au frigo et servir bien frais.

ÉTATS-UNIS

Clam chowder (chaudrée de palourdes)

35 min

¾ t. de lardons
1 t. d'oignons hachés
1 ½ t. de pommes de terre
en cubes
1 t. de vin blanc
1 t. de palourdes cuites sans
coquille
1 t. de lait

1 t. de crème à cuisson
15 %
2 cuillères à thé de fécule
de pomme de terre
¼ t. de beurre
3 cuillères à soupe de persil
haché
Sel et poivre

PRÉPARATION : Dans une casserole, faire revenir les lardons sans autre matière grasse. Ajouter l'oignon et cuire jusqu'à coloration. Ajouter les pommes de terre. Assaisonner et verser le vin blanc. Ajouter les palourdes, le lait et la crème. Délayer la fécule de pommes de terre dans un peu d'eau et l'incorporer à la préparation. Cuire lentement et terminer avec le beurre et le persil. Rectifier l'assaisonnement au besoin.

FRANCE

Soupe à l'oignon gratinée

45 min

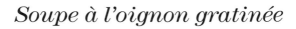

2 t. d'oignons émincés
¼ t. de beurre
Huile d'olive
1 cuillère à soupe de farine

5 t. d'eau
1 baguette de pain, tranchée
2 t. de gruyère râpé
Sel et poivre

PRÉPARATION : Dans une casserole, caraméliser les oignons dans le beurre et un filet d'huile d'olive . Ajouter la farine sur les oignons une fois qu'ils sont bien caramélisés. Bien remuer, puis verser l'eau. Assaisonner et laisser mijoter de 10 à 15 minutes. Mettre de la soupe dans des petits ramequins. Recouvrir chacune des portions de tranches de pain baguette. Ajouter le gruyère sur le dessus jusqu'à ne plus voir le pain ni la soupe. Mettre les ramequins dans un four bien chaud et gratiner. Retirer et servir chaud.

GRÈCE

Avgolemono (soupe à l'œuf et au citron)

🕐
30 min

🔥

1 t. de riz
5 t. de bouillon de poulet
4 œufs

Jus de 3 citrons
Zeste de 1 citron
Sel et poivre

PRÉPARATION : Dans une grande casserole, cuire le riz à feu doux dans le bouillon de poulet. Assaisonner. Battre les œufs dans un petit bol, puis réserver. Une fois le riz cuit, retirer la casserole du feu. Ajouter le jus et le zeste de citron. Toujours hors du feu, incorporer les œufs battus peu à peu en remuant continuellement. Rectifier l'assaisonnement et servir chaud.

HAÏTI

Soupe joumou (soupe au potiron)

🕐
50 min

🔥

2 t. de jarret de bœuf en cubes
¼ t. de vinaigre de vin
Jus de 1 orange
Zeste de 2 limes
1 cuillère à soupe de thym frais
Huile végétale
1 cuillère à soupe de pâte
   de piment
6 t. de bouillon de poulet
2 t. de potiron en cubes

1 ½ t. de céleri émincé
1 ½ t. de blancs de poireau
   émincés
1 ½ t. de pommes de terre
   en cubes
1 ½ t. de carottes
   en rondelles
1 t. de macaronis
¼ t. de persil haché
Sel et poivre

PRÉPARATION : Dans un bol à mélanger, déposer le bœuf, le vinaigre, le jus d'orange, le zeste de lime et le thym. Assaisonner. Mélanger et laisser mariner 1 heure. Bien égoutter le bœuf et conserver la marinade. Dans une poêle, faire revenir le bœuf dans un filet d'huile jusqu'à coloration. Ajouter la pâte de piment et bien remuer. Assaisonner. Dans une grande casserole, mettre le bouillon de poulet, le potiron, le céleri, le poireau, les pommes de terre et les carottes. Cuire lentement. Lorsque les légumes sont cuits, mixer puis ajouter la marinade, la viande et les macaronis. Continuer la cuisson jusqu'à ce que la viande et les macaronis soient cuits. Rectifier l'assaisonnement et ajouter le persil haché. Servir chaud.

40 min

INDE

Dahl (soupe aux lentilles)

1 t. d'oignons hachés
1 gousse d'ail, hachée
Huile végétale
1 cuillère à soupe de coriandre
    en poudre
1 cuillère à thé de curcuma
1 cuillère à thé de cumin
1 cuillère à thé de curry

2 t. de bouillon de légumes
1 t. de lentilles corail
2 t. de tomates pelées
    et concassées
Jus de 1 citron
3 cuillères à soupe de
    coriandre fraîche
Sel et poivre

PRÉPARATION : Dans une casserole, faire revenir l'oignon et l'ail dans un filet d'huile. Ajouter la coriandre en poudre, le curcuma, le cumin et le curry. Bien remuer. Verser le bouillon de légumes. Dans une autre casserole, cuire les lentilles. Une fois qu'elles sont cuites, les égoutter et les incorporer dans la première casserole. Ajouter les tomates et le jus de citron. Assaisonner. Mixer la préparation et ajouter les feuilles de coriandre. Servir bien chaud.

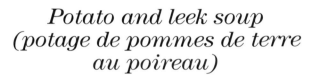

30 min

IRLANDE

Potato and leek soup (potage de pommes de terre au poireau)

1 t. d'oignons hachés
1 ½ t. de poireaux émincés
½ t. de beurre
2 t. de pommes de terre
    en cubes
½ t. de bacon fumé coupé
    en lardons

2 t. de bouillon de légumes
2 t. de lait
¼ t. de persil haché
2 cuillères à soupe de
    ciboulette ciselée
Sel et poivre

PRÉPARATION : Dans une grande casserole, faire revenir l'oignon et le poireau dans le beurre jusqu'à coloration. Ajouter les pommes de terre et le bacon. Assaisonner. Verser le bouillon de légumes et le lait. Laisser mijoter. Rectifier l'assaisonnement et terminer en incorporant le persil et la ciboulette.

ISRAËL

Soupe au couscous

1 t. d'oignons hachés
Huile végétale
1 ½ t. de dinde en cubes
1 t. de carottes en rondelles
1 t. de céleri émincé

1 t. de couscous de
   Jérusalem
7 t. de bouillon de poulet
1 t. d'épinards
⅓ t. de persil haché
Sel et poivre

45 min

PRÉPARATION : Dans une casserole, faire revenir l'oignon dans un filet d'huile. Ajouter la dinde et colorer, puis ajouter les carottes et le céleri. Assaisonner et ajouter le couscous. Bien remuer et verser le bouillon de poulet. Lorsque les légumes et le couscous sont cuits, rectifier l'assaisonnement et ajouter les épinards et le persil. Servir bien chaud.

ITALIE

Minestrone

1 ½ t. d'oignons hachés
Huile d'olive
1 ½ t. de céleri émincé
1 ½ t. de pommes de terre
   en cubes
1 ½ t. de carotte en dés
1 ½ t. de courgettes en dés
1 ½ t. de chou vert émincé
2 gousses d'ail, hachées
1 ½ t. de haricots blancs cuits

1 ½ t. de tomates en
   conserve pelées
   et concassées
7 t. de bouillon de poulet
1 ½ t. de coquillettes
1 ½ t. de feuilles de basilic
   frais
Parmesan râpé
Sel et poivre

45 min

PRÉPARATION : Dans une grande casserole, faire revenir l'oignon dans un filet d'huile d'olive. Ajouter le céleri et les pommes de terre, puis les carottes et les courgettes. Continuer avec le chou et l'ail, puis incorporer les haricots et les tomates. Assaisonner. Bien remuer et verser le bouillon de poulet. Ajouter les pâtes et cuire jusqu'à cuisson complète. Au moment de servir, ajouter le basilic et bien remuer. Rectifier l'assaisonnement au besoin. Servir la minestrone parsemée de parmesan.

JAMAÏQUE

Beef and okra soup (soupe de bœuf aux okras)

45 min

1 t. d'oignons hachés
Huile végétale
2 t. de bœuf en fines tranches
4 gousses d'ail, hachées
½ cuillère à soupe de piment
1 ½ t. d'okras coupés en deux
    sur la longueur

2 cuillères à thé de thym
    frais
1 ½ t. de tomates
    en conserve pelées
    et concassées
4 t. de bouillon de poulet
Sel et poivre

PRÉPARATION : Dans une grande casserole, faire revenir l'oignon dans un filet d'huile. Ajouter le bœuf, puis assaisonner. Bien remuer. Ajouter le reste des ingrédients et laisser mijoter. Rectifier l'assaisonnement au besoin et servir chaud.

JAPON

Soupe au miso

40 min

4 t. de bouillon ou de fumet
    de poisson
1 cuillère à soupe de miso
1 t. de tofu ferme en cubes
¾ t. de wakamé
1 cuillère à soupe de sésame
    blanc

1 cuillère à soupe de
    sésame noir
1 pincée de piment
1 t. de carottes râpées
Sel et poivre

PRÉPARATION : Dans une grande casserole, déposer tous les ingrédients, puis assaisonner. Laisser mijoter à feu doux et servir bien chaud.

LIBAN

Moujadara (soupe de lentilles au cumin)

40 min

1 ½ t. d'oignons hachés
Huile végétale
1 t. de riz rond
1 ½ t. de lentilles

4 gousses d'ail, hachées
2 cuillères à thé de cumin
6 t. de bouillon de légumes
Sel et poivre

PRÉPARATION : Dans une grande casserole, faire revenir l'oignon dans un filet d'huile. Ajouter le riz, les lentilles, l'ail et le cumin. Assaisonner et verser le bouillon de légumes. Laisser mijoter. Mixer la préparation et rectifier l'assaisonnement. Servir chaud.

MAROC

Harira (soupe épicée aux légumineuses)

1 t. d'agneau en cubes
Huile d'olive
1 t. d'oignons hachés
2 gousses d'ail, hachées
1 cuillère à soupe de pâte de tomate
1 cuillère à thé de curcuma
1 cuillère à thé de gingembre en poudre
2 t. de tomates en conserve pelées et concassées

1 t. de pois chiches cuits
1 t. de lentilles roses cuites
½ t. de céleri émincé
2 t. de bouillon de légumes
1 cuillère à soupe de fécule de pomme de terre
2 cuillères à soupe de persil haché
Jus de 1 citron
Sel et poivre

40 min

PRÉPARATION : Dans une grande casserole, colorer l'agneau dans un filet d'huile d'olive. Assaisonner. Ajouter l'oignon, l'ail, la pâte de tomate, le curcuma et le gingembre. Incorporer les tomates, les pois chiches, les lentilles et le céleri puis bien remuer. Verser le bouillon de légumes. Délayer la fécule de pomme de terre dans un peu de bouillon puis l'ajouter dans la casserole. Terminer avec le jus de citron et le persil. Rectifier l'assaisonnement au moment de servir.

MEXIQUE

Menudo (soupe aux tripes de porc)

2 t. de tripes de porc
Huile d'olive
1 t. d'oignons hachés
2 petits piments forts
1 pincée de piment moulu
6 gousses d'ail, hachées
1 cuillère à soupe d'origan

1 t. de tomates en conserve pelées et concassées
2 t. de semoule de maïs
4 t. de bouillon de légumes
Jus de 1 lime
Sel et poivre

40 min

PRÉPARATION : Dans une casserole, faire revenir les tripes dans un filet d'huile d'olive. À légère coloration, ajouter l'oignon. Assaisonner. Ajouter les piments forts, le piment, l'ail, l'origan, les tomates et la semoule. Verser le bouillon de légumes. Laisser mijoter et verser le jus de lime au moment de servir. Servir chaud.

NIGER

Soupe d'egusi
(soupe aux pistaches)

40 min

1 t. de bœuf en cubes
1 pincée de thym
1 cuillère à thé de curry
2 t. de bouillon de poulet
1 ½ t. d'oignons hachés
3 gousses d'ail, hachées
½ t. d'huile végétale
1 cuillère à soupe de pâte de tomate
1 cuillère à thé de piment en poudre

1 t. de tomates en conserve pelées et concassées
1 cuillère à soupe de sauce au poisson asiatique
1 t. de poisson fumé en cubes
1 t. d'épinards frais
1 t. de pistaches moulues ou de graines de melon séchées
Sel et poivre

PRÉPARATION : Dans une grande casserole, déposer le bœuf, le thym, le curry et le bouillon de poulet. Assaisonner. Cuire à feu doux. Dans une autre casserole, faire revenir l'oignon et l'ail dans l'huile. Ajouter la pâte de tomate, le piment et les tomates. Quand la viande est cuite, mélanger les deux préparations et ajouter la sauce au poisson. Incorporer le poisson fumé et les épinards. Ajouter peu à peu et délicatement les pistaches moulues en remuant continuellement. Rectifier l'assaisonnement au besoin et servir chaud.

OUZBÉKISTAN

Mokh chorba (soupe aux haricots mungos)

1 ½ t. de bœuf en tranches
   fines
3 gousses d'ail, hachées
1 ½ t. d'oignons hachés
Huile d'olive
1 ½ t. de carottes en rondelles
1 ½ t. de pommes de terre
   en cubes
1 t. de poivrons verts
   en lanières

1 t. de haricots mungos cuits
1 t. de riz
1 cuillère à thé de cumin
1 cuillère à thé de quatre-
   épices
1 ½ t. de tomates en
   conserve pelées et
   concassées
3 t. de bouillon de légumes
Sel et poivre

40 min

PRÉPARATION : Dans une casserole, faire revenir le bœuf, l'ail et l'oignon dans un filet d'huile d'olive jusqu'à une légère coloration. Ajouter les carottes, les pommes de terre, le poivron et les haricots. Ajouter le riz et assaisonner. Parfumer la préparation de cumin et de quatre-épices. Terminer avec les tomates et le bouillon de légumes. Rectifier l'assaisonnement, bien mélanger et laisser mijoter. Servir chaud.

PORTUGAL

Caldo verde (soupe au chou)

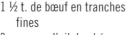

1 t. de chorizo en rondelles
Huile d'olive
4 t. de chou vert émincé
1 gousse d'ail, hachée

2 t. de pommes de terre
   en cubes
4 t. de bouillon de légumes
Sel et poivre

40 min

PRÉPARATION : Dans une grande casserole, faire colorer le chorizo dans un filet d'huile d'olive. Ajouter le chou et l'ail, bien remuer et assaisonner. Ajouter les pommes de terre et le bouillon de légumes. Laisser mijoter. Rectifier l'assaisonnement au besoin. Servir chaud.

QATAR

45 min

Tharid (soupe à l'agneau et aux œufs)

1 ½ t. d'agneau en cubes
Huile végétale
2 t. d'oignons hachés
¼ t. de miel
1 ½ t. de tomates en conserve
 pelées et concassées
½ t. de coriandre hachée
1 cuillère à thé de safran

2 cuillères à thé de cumin
2 t. de pois chiches cuits
5 t. de bouillon de légumes
6 œufs durs, en rondelles
1 ½ t. de pain de mie
 en cubes
Sel et poivre

PRÉPARATION : Dans une grande casserole, faire colorer l'agneau dans un filet d'huile. Ajouter les oignons et caraméliser. Ajouter le miel et remuer. Ajouter les tomates, la coriandre, le safran et le cumin. Assaisonner. Incorporer les pois chiches et le bouillon de légumes. Terminer avec les œufs et le pain de mie. Rectifier l'assaisonnement au besoin et servir chaud.

ROYAUME-UNI

40 min

Watercress soup (soupe au cresson)

2 t. d'oignons hachés
Huile végétale
2 t. de pommes de terre
 en cubes
1 t. de vin blanc

6 t. de bouillon de légumes
5 t. de cresson
1 t. de crème sure
Sel et poivre

PRÉPARATION : Dans une grande casserole, faire revenir l'oignon dans un filet d'huile. Ajouter les pommes de terre et assaisonner. Bien remuer et déglacer avec le vin blanc, puis verser le bouillon de légumes. Laisser mijoter à feu doux jusqu'à ce que les pommes de terre soient cuites. Ajouter le cresson et mixer. Incorporer la crème sure et rectifier l'assaisonnement au besoin. Bien mélanger et servir chaud.

RUSSIE

Botvinia (potage vert au poisson)

4 t. de bouillon de légumes
2 t. d'épinards
2 t. d'oseille
1 ½ t. de saumon cru
   en cubes
1 t. de concombre pelé en dés

1 t. de ciboulette hachée
   grossièrement
4 cuillères à soupe de raifort
   râpé
¼ t. de jus de citron
1 t. de chair de crabe cuite
Sel et poivre

40 min

PRÉPARATION : Dans une grande casserole, faire chauffer le bouillon de légumes. Ajouter les épinards, l'oseille et le saumon. Assaisonner. Une fois les légumes cuits, mixer. Ajouter le reste des ingrédients. Bien remuer et rectifier l'assaisonnent au besoin. Réserver au frais jusqu'au moment de servir.

SUÈDE

Nasselsoppa (soupe aux orties)

2 t. de pommes de terre
   en cubes
3 t. de bouillon de poulet
¼ t. de beurre
5 t. d'orties

3 œufs durs
3 cuillères à soupe
   de ciboulette
Sel et poivre

35 min

PRÉPARATION : Dans une casserole, cuire les pommes de terre dans le bouillon de poulet. Faire mijoter à feu doux jusqu'à ce que les pommes de terre soient cuites, puis ajouter le beurre et les orties. Assaisonner et mixer jusqu'à une consistance homogène. Servir bien chaud dans des assiettes creuses avec quelques rondelles d'œuf dur et un peu de ciboulette.

SUISSE

35 min

Soupe au schabziger

1 t. d'oignons hachés
1 t. de poireaux émincés
2 cuillères à soupe de beurre
1 ½ t. de pommes de terre
    en cubes
1 t. de vin blanc

2 t. de bouillon de légumes
½ t. de schabziger ou
    de gruyère
Quelques croûtons dorés
Sel et poivre

PRÉPARATION : Dans une casserole, faire revenir l'oignon et le poireau dans le beurre. Ajouter les pommes de terre et déglacer avec le vin blanc. Assaisonner et verser le bouillon de légumes. Laisser mijoter. Une fois les légumes cuits, mixer. Incorporer le fromage et bien remuer. Rectifier l'assaisonnement au besoin, servir bien chaud avec quelques croûtons.

THAÏLANDE

35 min

Soupe tom yum

4 t. de bouillon de poulet
1 t. de crevettes décortiquées
1 t. de poulet en cubes
1 gousse d'ail, hachée
1 ½ t. de shiitakes émincés
1 cuillère à soupe de pâte
    tom yum
2 feuilles de citron kaffir

1 t. de feuilles de coriandre
    hachée
¾ t. de basilic thaï
2 cuillères à soupe de sauce
    au poisson asiatique
2 cuillères à thé de chili
    haché
Sel et poivre

PRÉPARATION : Mettre le bouillon de poulet, les crevettes et le poulet dans une grande casserole. Ajouter l'ail, les shiitakes et la pâte tom yum. Assaisonner. Bien remuer. Ajouter les feuilles de kaffir, la coriandre et le basilic thaï. Terminer avec la sauce au poisson et le chili. Bien mélanger et rectifier l'assaisonnement au besoin. Servir bien chaud.

UKRAINE

Bortsch
(soupe à la betterave)

1 ½ t. de macreuse de bœuf en dés
6 t. de bouillon de bœuf
3 t. de betteraves rouges en cubes
1 ½ t. de carottes en rondelles
1 t. de céleri-rave en cubes
1 t. d'oignons hachés
1 t. de navet en cubes
1 t. de chou vert émincé
1 t. de tomates en conserve pelées et concassées

1 t. de poireaux émincés
3 gousses d'ail, hachées
1 feuille de laurier
1 branche de thym
¼ t. de vinaigre de vin
1 t. de crème à cuisson 35 %
1 cuillère à soupe de beurre
Sel et poivre

50 min

PRÉPARATION : Dans une grande casserole, cuire le bœuf à feu doux 15 minutes dans le bouillon de bœuf. Écumer au besoin. Ajouter tous les légumes. Assaisonner et ajouter le laurier et le thym. Laisser mijoter à feu doux. Une fois la viande et les légumes cuits, retirer la viande, la feuille de laurier et la branche de thym. Réserver. Dans le bouillon, ajouter le vinaigre, la crème et le beurre, puis mixer. Rectifier l'assaisonnement au besoin et servir bien chaud avec les morceaux de bœuf.

VIETNAM

Pho ga
(bouillon aux nouilles
de riz et germes de soya)

1 t. d'oignons hachés
Huile végétale
1 cuillère à soupe de gingembre râpé
2 t. de poulet en cubes
2 cuillères à soupe de sucre
2 bâtons de cannelle
2 étoiles de badiane
2 cuillères à soupe de graines de coriandre
3 cuillères à soupe de sauce au poisson asiatique

3 cuillères à soupe de sauce hoisin
8 t. de bouillon de poulet
2 t. de nouille de riz
2 t. de germes de soya
1 cuillère à thé de piment en poudre
Jus de 2 limes
¼ t. de ciboulette
Sel et poivre

50 min

PRÉPARATION : Dans une grande casserole, faire revenir l'oignon dans un filet d'huile. Ajouter le gingembre, le poulet, le sucre, la cannelle, la badiane et les graines de coriandre. Assaisonner. Continuer avec la sauce au poisson, la sauce hoisin et le bouillon de poulet. Ajouter les nouilles de riz, les germes de soya et le piment. Terminer avec le jus de lime et la ciboulette. Laisser mijoter à feu doux. Rectifier l'assaisonnement au besoin et servir bien chaud.

ZIMBABWE

Dovi
(potage au poulet
et aux arachides)

35 min

1 ½ t. d'oignons hachés	1 ½ t. de tomates
¼ t. de beurre	en conserve pelées
1 ½ t. de poulet en cubes	et concassées
1 cuillère à thé de piment	2 t. d'épinards
en poudre	1 ½ t. de bouillon de poulet
4 gousses d'ail, hachées	Sel et poivre
½ t. de beurre d'arachides	

PRÉPARATION : Dans une grande casserole, faire revenir l'oignon dans le beurre. Ajouter le poulet et faire revenir jusqu'à coloration. Assaisonner. Ajouter le piment, l'ail et le beurre d'arachides. Bien remuer la préparation. Compléter avec les tomates et les épinards. Verser le bouillon de poulet. Laisser mijoter à feu doux. Rectifier l'assaisonnement au besoin. Servir bien chaud.

Index alphabétique des recettes

S

T

V

W

Lexique culinaire

Battre : Remuer fortement un produit ou une préparation à l'aide d'un fouet de cuisine.

Blanchir : Plonger un aliment dans l'eau bouillante pendant une courte période sans le cuire.

Blanchir les œufs : Battre énergétiquement les œufs avec un fouet jusqu'à l'obtention d'une préparation homogène et blanchâtre.

Ciseler : Tailler un aliment en morceaux fins.

Concasser : Hacher grossièrement.

Conserver : Mettre une préparation au frais.

Cuire à blanc : Cuire un ingrédient seul, par exemple un fond de pâte à tarte.

Cuire au bain-marie : Faire fondre ou cuire doucement des aliments ou une préparation dans un plat de verre ou de métal posé sur une casserole d'eau bouillante ou dans des contenants placés sur une plaque de cuisson à rebords dans laquelle on verse de l'eau.

Déglacer : Mouiller légèrement le fond d'une casserole avec de l'eau, du vin ou un autre liquide pour détacher les sucs provenant de la cuisson.

Dégraisser : Retirer la graisse à la surface d'une préparation.

Émincer : Couper un aliment en tranches minces.

Filtrer : Verser la préparation dans une passoire pour séparer les liquides et les solides.

Flamber : Verser un alcool sur l'aliment pour le flamber.

Glacer : Napper la surface d'un gâteau ou d'une préparation avec un glaçage.

Hacher : Couper en petits ou gros morceaux un aliment à l'aide d'un hachoir ou d'un couteau.

Julienne : Légumes coupés en minces filaments.

Lier : Action d'épaissir une préparation à l'aide de beurre, de crème ou de diverses fécules.

Monter : Augmenter le volume d'une préparation en la brassant vigoureusement à l'aide d'un fouet.

Mijoter : Faire cuire un aliment à douce ébullition.

Mixer : Action de broyer un produit ou une préparation avec un batteur à main, un mélangeur ou un robot culinaire.

Passer la sauce : Verser dans une passoire.

Pétrir : Malaxer une pâte avec les doigts.

Pocher : Cuire un ingrédient dans un liquide à légère ébullition.